AF366174

CATALOGUE
DES LIVRES
DE LA BIBLIOTHÉQUE
DE M. DAVOUST,

Ancien Tréforier de S. A. S. Madame la
Duchesse de Bourbon.

*Dont la Vente se fera le Lundi 18 Mai 1772 ;
& jours suivans, de relevée, au plus offrant
& dernier Enchérisseur en la maniere accou-
tumée, rue de Saint Florentin.*

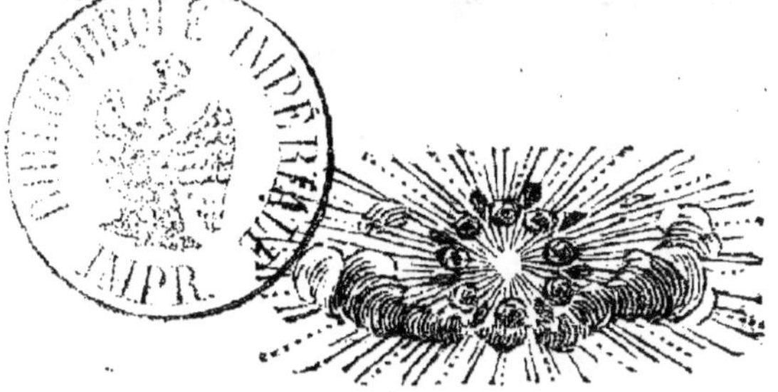

A PARIS,

Chez PISSOT, Libraire, Quai de Conti.

M. DCC. LXXII.

AVERTISSEMENT.

LE Cabinet des Livres dont nous publions le Catalogue, annonce le goût de celui qui l'a formé. M. Davouſt recommandable par les qualités du cœur & de l'eſprit, avoit apporté tous ſes ſoins à compoſer une collection moins volumineuſe que choiſie. La partie des Belles-Lettres & ſur-tout la Littérature Latine & Italienne, ſatisfera les Curieux. Le choix des éditions, la beauté des exemplaires, l'élégance des relieures, qui ſont de Padeloup & de de Rome, ne laiſſent rien à deſirer. La relieure la plus commune eſt toujours dorée ſur tranche.

TABLE

DES DIVISIONS ET SUBDIVISIONS

Contenues en ce Catalogue.

THÉOLOGIE.

JURISPRUDENCE.

SCIENCES ET ARTS.

BELLES-LETTRES.

HISTOIRE.

Histoire Ecclésiastique de l'ancien & du nouveau Testament,

Fin de la Table.

CATALOGUE
DES LIVRES
DE LA BIBLIOTHÉQUE
DE M. DAVOUST.

THÉOLOGIE.

ÉCRITURE SAINTE,

Avec ses Interpretes et Critiques.

Textes & Versions de l'Ecriture Sainte.

N°. 1 **B**IBLIA latina ex duplici versione altera
Vulgata altera Tigurina ; cum annot. Fr. Vatabli.
Lutetiæ, Rob. Stephanus, 1545. in 8°. l. r mar. r.
2 Biblia sacra latina, Vulg. édit. Sixti V. &
Clementis VIII. autoritate recognita; cum notis chronologicis & historicis, Cl. Lancelot. Una
cum S. Chronologia atq. Geographia, Nic. San-
son. *Parisiis, Vitré, 1662 , in-fol. l. r. mar. bl.*

A

3   Biblia S. latina vulg. edit. Sixti V. Pont. M. juſſu recognita & Clementis VIII. autoritate edita. *Col. Agrip. ab Egmont*, 1682, *in-8. mar. r.*

4   Liber Pſalmorum, latine, cum diverſis orationibus, Hymnis & Canticis, ex recognitione Gabr. Brebia *Mediolani ; abſq. loci indicat.* 1477, *in-4. mar. r.*

5   Pſalterium Davidis, & libri Sapientiales, lat. Juxta Vaticanum exemplar, an. 1592. *Lugduni, apud J. & Dan. Elzevirios,* 1653, *in-12. l. r. mar. r. d. de mar.*

6   La Sainte Bible traduite en françois ſur la Vulgate, avec de courtes notes par Louis-Iſaac le Maitre de Sacy. *Bruxelles, Foppens,* 1702, 13 *vol. in-12. l. r. mar. c. d. de mar.*

7   La Sainte Bible trad. ſur les textes originaux, avec les différences de la Vulgate, par Nic. le Gros. *Cologne (Amſt.)* 1739, *in-12. mar. v.*

8   N. Teſtamentum latinum vulg. edit. Sixti V. Pont Max. recognitum atq. editum. *Lovanii, Hullegaerde,* 1679, 2 *vol. in-16. mar. n.*

9   Le Nouveau Teſtament traduit en françois ſelon l'édition Vulgate, avec les différences du grec, par Ant. le Maitre, Ant. Arnauld, P. Nicole, le Maitre de Sacy, J. Seb. du Cambôuſt de Pont-Château, & Cl. de Sainte Marthe. *Mons, Migeot,* 1667, *in-12. mar. c.*

10   Le même Nouveau Teſtament trad. en franç. avec le grec & le latin de la Vulgate à côté. *Mons, Migeot, (Rouen, Viret)* 1673, 2 *vol. in-8. l. r. mar. bl.*

11   Le Nouveau Teſtament trad. ſur l'ancienne édit. lat. avec des remarques littérales & criti-

ques, par Rich. Simon. *Trevoux, Ganeau,* 1702. 6·· 1
2 *vol. in-8. l. r. mar. r.*

Philologie Sacrée.

12   Traité de la situation du Paradis Terrestre ; 5·· 19
par P. Dan. Huet. *Paris, Anisson,* 1691, *in* 12.
mar. r.

Histoires & Figures de la Bible.

13   Histoire du Vieux & du Nouveau Testament ; 31·· 2
représentée avec des figures accompagnées d'explications, par de Royaumont (Nic. Fontaine).
Paris, le Petit, 1674, *in* 4. *v. f.*
14   Figure del Nuovo Testamento , illustrate da 13·· 19
versi Vulgari Italiani. *In Lione, Roviglio,* 1588,
— La Zucca del Doni, *in Vinegia, Marcolini ,*
1551, *in-8. v. f.*

LITURGIES.

15   Graduel Parisien & Vêpres pour les Diman-
ches & Fêtes, 3 *vol. in-8. M. S. noté, avec des mi-* 48
niatures, mar. bl.
16   Heures ou Livre de Prieres, *M. S. sur velin* 150··
avec de très-belles Miniatures, in-4. mar. r. dent.
17   Autre Livre d'heures *M. S. sur velin , avec* 39··
de belles Miniatures, in-4. vel. r.
18   Heures à l'usage de Rome, avec des fig. enlu-
minées. *Paris, Simon Vostre, 1518 , in-4. sur ve-* 82·· 15.
lin , vel. r.
19   Exercice & pratique journaliere du Chrétien ; 15··
M. S. sur velin , avec Miniatures, in-16. chagrin.

A ij

SAINTS PERES.

20　Les Confeſſions de S. Auguſtin, trad. en fr. par Arnauld d'Andilly. *Paris, le Petit,* 1649, *in-12. mar. r.*

21　Sidonii Apollinaris Opera. *Mediolani per Uldericum Scizenzeler,* 1498. *in-4. mar. r. edit. princeps.*

THÉOLOGIENS.

Theologiens Scholaſtiques.

22　Les Imaginaires & les Viſionnaires, par P. Nicole. *Liege, Beyers,* (*Amſterd. Elzevier.*) 1667, 2 *vol. in-12. mar. r.*

23　Diſſertation dans laquelle on démontre que la Bulle Unigenitus n'eſt ni loi de l'Egliſe, ni loi de l'Etat, 1752, *in-12. v. f.*

Théologiens Moraux.

24　Les Provinciales, ou Lettres écrites par Louis de Montalte, (Bl. Paſcal) à un Provincial de ſes amis. *Cologne, P. de la Vallée (Amſt. Elzeviers)* 1657, *in-12. mar v.*

Théologiens Parenètiques, ou Prédicateurs.

25　Leonardi de Utino Sermones quadrageſimales de flagellis peccatorum feſtinanter converti nolentium. *Lugduni, du Ry.* — Ejuſdem Sermones quadrageſimales de petitionibus ſuper Evangeliis.

Lugduni , Marion , 1518. — Ant. Farinerii Sermones de peccatis. *Lugduni , du Ry ,* 1518 ,
in-8. mar. c.

26 Oliverii Maillardi Sermones de Adventu ;
quadragefimales ; Dominicales & de Stipendio *9*
peccati & gratie premio ; Parifiis declamati. *Lugduni , Steph. Gueygnardus ,* 1503 , *in-4. v. f.*

27 Oliverii Maillardi novum diverforum Sermo- *3 19*
num opus. *Parifiis , Jo. Parvus.* —— Ejufdem
Sermones Dominicales. *Ibid. in-8. goth. mar. r.*

28 Mich. Menoti Sermones quadragefimales. Pa- *7 1*
rifiis declamati. *Parifiis , Chevallonius ,* 1526 ,
in-8. goth. mar. r.

29 Gabr. Barelete Sermones quadragefimales & *6*
de Sanctis ex recognitione F. Fr. de Serris. *Parifiis, Girault ,* 1527 , *in-8. goth. mar. v.*

30 Jo. Cleree Sermones quadragefimales , Pari- *3 10*
fiis declamati. *Parifiis , Marnet ,* 1526 , *in-8.
mar. c.*

31 Jo. Cleree Sermones quadragefimales & de *5*
Paffione. *Parifiis , Savetier ,* 1530 , *in-8. mar. c.*

32 Panégyriques & autres Sermons , par Efprit
Fléchier. *Paris , Aniffon ,* 1696 , *in-4. gr. pap.* *9 19*
mar. r.

Théologiens Myftiques.

33 Thomæ a Kempis de Imitatione Chrifti , libri *17 2*
IV. *Lugduni , apud Elzevirios , in-12. mar. r.*

34 L'Invocation & l'Imitation des Saints , pour
tous les jours de l'année. *Paris , Audran ,* 1687 , *19*
4 *vol. in-16. mar. v. fig. de le Clerc.*

35 Traités fur la priere publique & fur les difpo-
fitions pour offrir les S. S. Myfteres & y parti-

ciper, par P. Nicole. *Paris , Etienne , 1707,
in-12. l. r. mar. bl. d. de mar.*

Théologiens Polémiques.

36   Pensées de Pascal sur la Religion & sur quelques autres sujets. *Paris, Desprez, 1670, in-12.
mar. v.*

37   Traité de l'existence & des attributs de Dieu ;
des devoirs de la Religion naturelle, & de la vé-
rité de la Religion Chrétienne, par Clarke , trad.
de l'Anglois par Ricotier. *Amst. Bernard, 1727,
3 vol. in-8. mar r.*

Théologiens Hétérodoxes.

38   Le Christianisme raisonnable, trad. de l'angl.
de J. Locke, par P. Coste, édit. augmentée d'une
dissertation où l'on établit le vrai & l'unique moyen
de réunir tous les Chrétiens; & de la Religion des
Dames. *Amst. Chatelain, 1731, 2 vol. in-12. v. f.*

39   Les Témoins de la Résurrection de J. C.
examinés & jugés selon les régles du Barreau,
pour servir de réponse aux objections du sieur
Woolston , trad. de l'angl. par A. le Moine. *La
Haye, Gosse, 1732 , in-8. mar. r.*

40   Bernardini Ochini, liber de corporis Christi
præsentia in cœnæ Sacramento, in quo acuta est
tractatio de Missæ origine atq. erroribus ; ex italico in lat. translatus. *Basileæ, absq. anni indicat.
in-8. mar. r.*

41   Réfutation des erreurs de Benoît Spinosa, par
M. de Fenelon, le P. Lami & le Comte de
Boulainvilliers, avec la vie de Spinosa , par J.

Colerus. *Bruxelles, Foppens, 1731, in-12. mar. r.*

42 Le Ciel réformé; effai de traduction de partie du Livre Italien, *Spaccio della Beftia trionfante*, par Jordanus Brunus, *Paris 1750.* — La Béatitude des Chrétiens, ou le Fléau de la Foi, par Geoffroy Vallée; *Mf. in-8. mar. r.*

Théologie des Juifs.

43 L'Alcorano di Macometto, nel qual fi contiene la dottrina, la vita i coftumi & le leggi fue, tradotto d'all' Arabo in lingua Italiana da M. Andrea Arrivabene; 1547, *in-4. mar. r.*

44 L'Alcoran de Mahomet, traduit d'Arabe en françois par du Ryer. *La Haye, Mœtjens, 1683, in-12. mar. bl.*

JURISPRUDENCE.

DROIT CANONIQUE.

45 TRAITÉ de la puiffance du Pape; favoir, s'il a quelque droit, empire ou domination fur les Rois & Princes féculiers; traduit du latin de Guil. Barclay. *Pont-à-Muffon, Huldric, 1611, in-8. mar. c.*

46 Expofition de la Doctrine de l'Eglife Gallicane, par rapport aux prétentions de la Cour de Rome, par Cefar Chefneau du Marfais. *Geneve (Paris), 1757, in-12. v. f.*

47 Factum pour les Religieufes de Sainte Catherine-lez-Provins, contre les PP. Cordeliers,

(par Varet) *A Doregnal, Braeſſem, 1668,
in-16. v. f.*

48　Le même Factum, *ibid*, 1679, — Toilette
de M. l'Archevêque de Sens, ou Réponſe au
précédent Factum, 1669, *in-12. mar. r.*

DROIT CIVIL.

49　De l'Eſprit des Loix, par Louis Secondat
de Monteſquieu. *Geneve (Paris)*, 1749, *2 vol.
in-4. v. f.*

50　Œuvres du même Secondat de Monteſquieu.
Amſt. (Paris,) Piſſot, 1758, *3 vol. in-4. v. f.*

51　Principes du Droit Naturel, par J. J. Burla-
maqui. *Geneve (Paris), 1748, 2 vol. in 8. mar. r.*

52　Principes du Droit Politique, par le même.
Amſt. (Paris) 1751, 2 vol. in-8. mar. r.

53　Hugo Grotius de Mari Libero, & P. Merula
de Maribus. *Lugd. Bat. ex officinâ Elzeviriand.
1633. in 16. mar. r.*

54　Mémoire pour le ſieur Dupleix, contre la Compagnie des Indes. *Paris, le Prieur, 1759, in 4.
v. f.*

SCIENCES ET ARTS.

PHILOSOPHIE.

Philoſophes Anciens & Modernes.

55　HISTOIRE de la Philoſophie Payenne,
ou ſentimens des Philoſophes & des peuples

payens fur Dieu, fur l'Ame & fur les devoirs de l'Homme, par M. de Burigny. *La Haye, Goffe,* 1724, 2 *vol. in-12. v. f.*

56 Bibliothéque des anciens Philofophes, contenant la Vie de Pythagore ; fes Symboles ; la Vie d'Hierocles, & fes Commentaires fur les Vers dorés ; les Œuvres de Platon, trad. par A. Dacier ; le grand Hippias, l'Ethydemus, par Maucroix, & le Banquet par Racine ; quelques Dialogues, & le Livre des Loix de Platon, trad. par le P. Grou. *Paris, Piffot,* 1771, 9 *vol. in-12. v. f.*

57 Les Hypotipofes, ou Inftitutions Pyrrhoniennes de Sextus Empiricus, trad. du grec, avec des notes, (par Huart.) *Londres,* 1735, *in-12. v. f.*

58 L. Annæi Senecæ Philofophi opera omnia, ex ult. J. Lipfii emendatione ; & M. Annæi Senecæ Rhetoris quæ extant. *Lugd. Bat. apud Elzevirios,* 1640, 3 *vol. in-12. mar. r.*

Logique & Morale.

59 La Logique ou l'Art de Penfer, par P. Nicole. *Paris, Savreux,* 1668, *in-12. mar. v.*

60 Les Caractères de Théophrafte trad. du Grec, avec les Caractères ou les Mœurs de ce Siécle, par de la Bruyere. *Paris, Michallet.* 1697, 2 *tom. en un vol. in-12. v. f.*

61 Les Caractères de Théophrafte & de J. de la Bruyere, avec des notes, par Cofte. *Paris, Hochereau,* 1765, *in-4. pap. d'Holl. v. f.*

62 Réflexions morales de l'Empereur Marc Antonin, avec des remarques de M. & Madame Dacier. *Amft. Mortier,* 1714, 2 *tom. en un vol. in-12. v. f.*

63 Dialogus Creaturarum optimè moralizatus, jocundis Fabulis plenus. *Parifiis , Jo. Parvus ,* 1510.—Pronofticatio quædam mirabilis divinitus partim revelata, partim cœlefti conftellatione præmonftrata fup. futuro Ecclefiæ ftatu, tam fpiritali quam feculari , Maxime per Rom. Imper. per regnum Franciæ, Hifpaniæ, &c. edita per S. Brigidam de Suevia. *Lugduni, Cleyn,* 1515, *in-8.* Goth. v. f.

64 Principes de la Philofophie morale de Schaftefbury. *Amft. (Paris, Durand,)* 1745 , *in-8. v. f.*

65 Le Spectateur, ou le Socrate Moderne, trad. de l'Anglois de Steele, Addiffon, Swift. *Amft. Smith,* 1732, 6 *vol. in-12. v. f.*

66 De la Sageffe, trois Livres, par P. Charron. *Leyde, J. Elzevier, in-12. l. r. mar. r.*

67 Les Paffions de l'Ame , par René Defcartes. *Amft. Elzevier, 1650, in-12. vel.*

Œconomie & Politique.

68 L'Utopie de Thomas Morus, trad. en fr. par Gueudeville. *Leyde, Vander Aa, 1715, in-12.* fig. mar. r.

69 Les devoirs de l'Homme & du Citoyen, trad. du Latin de Puffendorf, par J. Barbeyrac. *Amft. de Coup.* 1715 , *in-8. v. f.*

70 Les Mêmes. *Amft. de Coup. 1735, 2 tom. en un vol. in-8. v. f.*

71 Les véritables devoirs de l'Homme d'Épée. *Paris, Boudot, 1697, in-12. mar. r.*

72 Il Cortegiano del Conte Baldeffar Caftiglione. *In Lyone, Rovillio, 1553, in-16. mar. bl.*

73 Propofition pour la police générale du Royaume

de France, préſentée pour le Roi à M. Colbert. *in-4. Mſſ. ſur velin, mar. r.*

74 Les Fables de Pilpay Philoſophe Indien, ou la conduite des Rois. *Paris, Delaulne, 1698, in-12. v. f.*

75 Examen du Prince de Machiavel, avec des notes, par M. de Voltaire. *La Haye, Van Duren, 1741, in 8. mar. r.*

76 Pietra del paragone politico di Trajano Boccalini. *In Coſmopoli, 1640, in-32.*

77 Diſcours ſur le Gouvernement, par Algernon Sidney, trad. de l'angl. par P. A. Samſon. *La Haye, Van Dole, 1702, 3 vol. in-12. mar. r.*

78 Diſcours politiques de M. Hume, trad. de l'angl. par M. l'Abbé le Blanc. *Dreſde, Groell, 1755, 2 vol. in-8. v. f.*

79 Lettres ſur l'Eſprit de Patriotiſme, ſur l'Idée d'un Roi Patriote, & ſur l'état des Partis qui diviſoient l'Angleterre lors de l'avénement de Georges Ier. trad. de l'anglois de Bolinbrock, par M. de Biſſy. *Londres, (Paris,) 1750. in-8. v. f.*

80 Teſtament politique de Charles, Duc de Lorraine & de Bar. *Lipſic, Weitman, 1606, in-16. v. f.*

81 Lettres de Filtz-Moritz ſur les affaires du tems, trad. de l'anglois, par de Garneſai. *Roterdam, (Paris), 1718, in-12. v. f.*

82 Mémoires touchant les Ambaſſadeurs & les Miniſtres publics, par de Wicquefort. *Cologne, Marteau, 1679, 2 vol. in-12. mar. r.*

83 Dictionnaire univerſel de Commerce, par Jacq. Savary des Bruſlons, & Philemon-Louis Savary. *Paris, Ve. Etienne, 1748, 3 vol. in-fol. v. f.*

84 Élémens du Commerce, par M. de Forbon-
nais. *Paris, Durand*, 1754, 2 *vol. in-12. v. f.*

85 Essai politique sur le Commerce, par Melon.
(*Paris*), 1736, *in-12. v. f.*

86 Réflexions politiques sur les Finances & le Commerce, par du Tot. *La Haye, (Paris)*, 1738, 2
vol. in-12. v. f.

87 Remarques sur les avantages & les désavantages
de la France & de la Gr. Bretagne, par rapport
au Commerce, trad. de l'anglois de J. Nickolls,
par M. Dangeul. *Leyde, (Paris,)* 1754, *in-12.
v. f.*

88 Histoire & Commerce des Colonies Angloises
dans l'Amérique Septentrionale, (par M. du
Mont.) *Paris, Piffot*, 1755, *in-12. v. f.*

Métaphysique.

89 Essai Philosophique concernant l'Entendement
humain, trad. de l'anglois de J. Locke, par P.
Coste. *Amst. Schelte*, 1700, *in-4.*

90 De la certitude des connoissances humaines,
ou examen philosophique des diverses préroga-
tives de la Raison & de la Foi, trad. de l'angl.
Londres, Robinson, 1741, *in-8. v. f.*

91 Histoire admirable de la possession & conver-
sion d'une Pénitente séduite par un Prince des
Magiciens, la faisant Sorciere & Princesse des
Sorciers, conduite à la Sainte Beaume pour y
être exorcisée, par Seb. Michaelis. *Douay, Wyon,*
1613, *in-8. v. f.*

92 Dissertations sur les Apparitions des Anges,
des Démons & des Esprits, & sur les Revenans

& Vampires, par D. Aug. Calmet. *Paris*, *de* 6—18
Bure, 1746, *in-12. v. f.*

93 Le Comte de Gabalis, ou entretiens fur les
Sciences fecrettes, avec les Génies affiftans & 6—11
Gnomes irréconciliables, par l'Abbé de Villars.
Amft. de Coup, 1715, 2 *vol. in-12. v. f.*

PHYSIQUE.

94 Inftitutions de Phyfique, par la Marquife du 3ʳ 11
Chaftelet. *Paris, Prault*, 1740, *in-8. fig. v. m.*

95 Nouvelles vuës fur le Syftême de l'Univers, 2—
par M. de Pontbriand. *Paris, Chaubert*, 1751,
in-8. v. f.

96 Traité de Phyfique, par Jacq. Rohault. *Paris,* 2—8
Savreux, 1671, *in-4. v. f.*

67 Les Entretiens Phyfiques du P. Regnault. 6—14
Paris, Clouzier, 1737, 5 *vol. in-12. fig. v. f.*

98 Leçons de Phyfique expérimentale, par l'Abbé
Nollet. *Paris, Guerin*, 1745, 6 *vol. in-12. fig.*
mar. r.

99 L'Art des Expériences, ou avis aux Amateurs
de la Phyfique fur le choix, la conftruction &
l'ufage des Inftrumens, par l'Abbé Nollet. *Paris,*
Durand, 1770, 3 *vol. in-12. fig. mar. r.*

6—12

100 Traité de l'Équilibre des Liqueurs & de la 3ᵏ 6
Péfanteur de la maffe de l'Air, par Pafcal. *Paris,*
Defprez, 1663, *in-12. mar. r.*

101 Hiftoire du Mont Véfuve, avec l'explication
des Phénomenes qui ont coutume d'accompagner
les embrafemens de cette Montagne, trad. de 4ʳ 4
l'italien, par Duperron de Caftera. *Paris, Huart,*
1741, *in-12. v. f.*

102 Recueil de différens Traités de Phyfique &

d'Hiſtoire naturelle, par Deſlandes. *Bruxelles;*
Frix, 1736, *in-12. v. f.*

HISTOIRE NATURELLE.

103 C. Plinii ſecundi Hiſtoriæ Naturalis Libri
XXXVII. *Lugd. Batav. ex officinâ Elzeviriand*,
1635, 3 *vol. in-12. l. r. mar. r.*

104 Hiſtoire Naturelle, générale & particuliere,
avec la Deſcription du Cabinet du Roi, par M.
de Buffon, & quant à la partie Anatomique,
par M. Daubenton. *Paris, de l'Imprim. Royale*,
1749, 17 *vol. in-4. fig. v. f. les deux derniers
br.*

105 Hiſtoire Naturelle des Inſectes, par J. Goe-
daert *La Haye, Moetjens*, 3 *vol. in-12. fig.*

106 Hiſtoire Naturelle des Abeilles, par M. Bazin.
Paris, Guerin, 1744, 2 *vol. in-12. fig. v. f.*

107 Libri de re ruſtica, M. Catonis lib. I. M.
Terentii Varronis lib. III. L. Junii Moderati
Columellæ lib. XII. ejuſdem de Arboribus liber.
Palladii lib. XIV. *Venetiis, Aldus,* 1514, 2 *vol.
in-8. l. r. mar. r.*

108 Albertus Magnus, le Grand Albert, des ſecrets,
des vertus des Herbes, Pierres & Beſtes, & aultre
livre des Merveilles du Monde, d'aulcuns effetz,
cauſes d'aulcunes Beſtes. *Turin, Bernard du Mont
du Chat, in-16. Goth. mar. r.*

MÉDECINE.

109 Hiſtoire de la Médecine, par Dan. le Clerc.
La Haye, Vander Kloot 1729, *in-4. mar. r.*

110 Etat de la Médecine ancienne & moderne,

par Clifton, trad. de l'anglois, par M. L. D. F.
Paris, Quillau, 1742, *in*-12. *v. f.*

111 Hippocratis ac Galeni libri aliquot, ex recognitione Fr. Rabelæsii. *Lugduni, Gryphius,*
1532, *in*-16. *v. f.*

112 Les Œuvres d'Hippocrate trad.ᵉ en françois
avec des remarques, par A. Dacier. *Paris, ..*
Barbin, 1697, 2 *vol. in*-12. *mar. r.*

113 Méthode naturelle pour guérir les maladies
du Corps & les déréglemens de l'Esprit, trad.
de l'anglois de Cheyne, par M. de la Chapelle.
Paris, Quillau, 1749, 2 *vol. in*-12. *v. f.*

114 Méthode aisée de conserver sa santé jusqu'à
une extrême vieillesse, trad. de l'anglois, par
de Preville. *Paris, Prault,* 1752, *in*-12.

115 Traité des Eunuques, par d'Olincan. 1707.
in-12. *v. m.*

116 La Génération de l'Homme, ou Tableau de
l'Amour Conjugal, par Nic. Venette. *Londres,*
(*Paris,*) 1751, 2 *vol. in*-12. *Gr. Pap. fig. mar. r.*

MATHÉMATIQUES.

117 Élémens de Géométrie, par Ignace Gaston
Pardies. *Paris, Cramoisy,* 1683, *in*-12. *m. v.*

118 Les vraies Centuries & Prophéties de Michel
Nostradamus. *Amst. Winkeermans,* 1667, *in*-12.

119 Dialogue sur la Musique des Anciens, (par
l'Abbé de Châteauneuf.) *Paris, Ve Piffot* 1735,
in-12. *fig. v. ecc.*

ARTS.

120 Dictionnaire raisonné des Sciences, des Arts

& des Métiers, par une Société de Gens de Lettres. *Paris, Briaſſon, 1751, 24 vol. in-fol. les vingt-un premiers en mar. r. & les trois derniers br.*

121 Il ripoſo di Raffaello Borghini, in cui della Pittura, e della Scultura ſi favella, de piu illuſtri Pittori, e Scultori, e delle piu famoſe opere loro ſi fa mentione. *In Fiorenza, Mareſcotti, 1584, in-8. mar. r.*

122 Tableaux tirés de l'Iliade, de l'Odyſſée d'Homere, & de l'Énéide de Virgile, par le Comte de Caylus. *Paris, Tillard, 1757, in-8. v. f.*

123 Les Figures des Fables de la Mothe. *in-8. mar. r.*

124 Recueil de cent Eſtampes repréſentant différentes Nations du Levant, tirées ſur les Tableaux peints par les ordres de M. de Ferriol, & gravées par les ſoins de le Hay. *Paris, le Hay, 1714, in-fol.*

125 Inſtitutions Militaires de Vegece; (trad. par Cl. Guill. Bourdon de Sigrais.) *Paris, Prault, 1743, in-12. mar. bl.*

126 La Venerie de Jacques du Fouilloux. *Paris, Billaine, 1635, in-4. v. m.*

127 La Danſe ancienne & moderne, ou traité hiſtorique de la Danſe, par de Cahuſac. *La Haye, (Paris, Durand,) 1754, 3 tom. en un vol. in-12. v. f.*

BELLES-

BELLES-LETTRES.

GRAMMAIRE.

128 MÉTHODE pour apprendre facilement la
Langue Grecque , (par Cl. Lancelot.) *Paris ,
Joffe , 1696, in-8. v. f.*

129 Le Jardin des racines grecques , mifes en vers
franç. (par le même.) *Paris , le Petit , 1664,
in-12. mar. r.*

130 Méthode pour apprendre facilement la Langue
Latine , (par le même.) *Paris , Delaulne , 1709 ,
in 8. v. f.*

131 Novitius , feu Dictionarium Latino-Gallicum ,
Schreveliana methodo digeftum , authore Lud.
Magniez. *Lut. Parif. Huguier , 1721 , 2 tom. en
un vol. in-4. v. f.*

132 Grammaire générale & raifonnée , avec les
nouvelles Méthodes pour apprendre facilement
& en peu de tems les Langues Italienne & Efpa-
gnole , (par Ant. Arnauld & Cl. Lancelot.)
Paris , le Petit , 1660, in-12. mar. r.

133 Traité de l'Orthographe Françoife , par le
Roi. *Poitiers , Faulcon , 1747, in-8. v. f.*

134 Synonymes françois , par l'Abbé Girard. *Paris ,
Ve d'Houry , 1740 , in-12. v. f.*

135 Dictionnaire Univerfel françois & latin , connu
fous le nom de Trevoux , avec le Suplément.
Paris , Coignard , 1743 , 7 vol. in-fol. v f.

136 Dictionnaire de l'Académie françoife. *Paris ,
Brunet , 1762 , 2 vol. in-fol. v. f.*

137 Dictionnaire Etimologique de la Langue françoife, par Menage, avec les origines françoifes
de Cafeneuve, &c. nouvelle édition corrigée &
augmentée par A. F. Jault. *Paris, Briaffon, 1750,
2 vol. in fol. v. f.*

138 Dictionnaire des Proverbes françois & des fa-
çons de parler comiques burlefques & familieres.
Paris, Savoye, 1748, in-8. v. f.

139 Dictionnaire italien, latin & françois, par
l'Abbé Antonini. *Paris, Prault, 1743, 2 vol.
in-4. v. f.*

RHÉTORIQUE.

140 M. Tullii Ciceronis Opera. *Lugd. Batav. ex
Officinâ Elzeviriana. 1642, 10 vol. in-12. mar. bl.
doublé de mar.*

141 M. Tullii Ciceronis de Officiis libri tres,
Cato major, Lælius, Paradoxa, Somnium Sci-
pionis, ex recenfione Jo. Georgii Grævii, cum
notis variorum. *Amft. Blaeu, 1688, in-8. l. r.
mar. r. d. de mar.*

142 M. Tullii Ciceronis Cato major. *Lutetiæ, Barbou, 1758, in-24. mar. r. dent.*

143 M. Fabii Quintiliani Declamationes C.XXXVI.
Ex recognit. Thadæi Ugoleti. *Parmæ, per Ange-
lum Ugoletum, 1494, in-fol. mar. bl.*

144 Oraifons funebres de Jacq. Benigne Boffuet.
Paris, Cramoify 1689, in-12. mar. r.

145 Oraifons funebres de Flechier. *Paris, du Puis,
1699, 2 vol. in-12. mar. r.*

146 Oraifons funebres du P. de la Rue. *Paris, Be-
nard, 1695, in 4. mar. r.*

POETIQUE.

Introduction à la Poëſie, ou Traités généraux &
particuliers de Poëtique.

147 La Poëtique d'Ariſtote, trad. en franç. avec
des remarques par A. Dacier. *Paris, Barbin,*
1692, in-4. mar. r.

148 Les quatre Poëtiques d'Ariſtote, d'Horace,
de Vida, de Deſpreaux, avec les traductions &
des remarques par M. l'Abbé Batteux. *Paris,*
Saillant, 1771, 2 vol. in-8. pap. d'Holl. br.

149 Traité du Poëme Epique, par le Boſſu. *Paris,*
Gandouin, 1708, in-12. v. f.

150 Poëtique Françoiſe, par M. Marmontel. *Paris,*
Leſclapart, 1763, 2 vol. in-8. v. f.

151 La Pratique du Théâtre, par l'Abbé d'Aubignac. *Amſt. Bernard, 1715, 2 vol. in-8. gr. pap.*
v. f.

POETES ANCIENS GRECS ET LATINS.

Collections des Poëtes Grecs.

152 Carmina Poëtarum poeſeos principum Alcæi,
Sapphus, Steſichori, Ibyci, Anacreontis, Bacchy-
lidis, Simonidis, Alcmanis, Pindari, gr. & lat.
Antuerpiæ, Plantinus, 1567, in-16. mar. bl.

153 Le Theâtre des Grecs, par le P. Brumoy.
Paris, Coignard, 1730. 3 vol. in 4. gr. pap. mar. r.

Poëtes Grecs.

154 Heſiodi Aſcræi quæ extant, Orphei, & Pro-

cli Philofophi Hymni, gr. omnia ab. Ant. Maria Salvini in linguam Italam tranflata, cum brev. annotat. accedit Pafloris index vocabula fingula Hefiodi complectens. Accurante Ant. Zanolini. *Patavii, Manfré,* 1747, *in-8. mar. r.*

155 L'Hiade & l'Odiflée d'Homere, trad. en françois, avec des remarques par Mad. Dacier, avec les figures de B. Picart. *Paris, Rigaud,* 1711, 6 *vol. in-12. mar. viol.*

156 Iliade d'Omero tradotta dall' original greco in verfi fciolti da Ant. Maria Salvini. *In Padova, Manfré,* 1742, 2 *vol. in-8. mar. bl.*

157 Tragedies d'Efchyle, trad. par M. le Franc de Pompignan. *Paris, Saillant,* 1770, *in 8. v. f.*

158 Tragedie di Euripide intere XIX. Frammenti, ed epiftole, Greco-Italiane in verfi, illuftrate di annotazioni al tefto Greco, ed alla traduzione; con la vita di Euripide &c. Opera del P. Carmeli. *In Padova, Manfré,* 20 tom. rel. en 7 *vol. in 8. mar. r.*

159 Le Plutus & les Nuées d'Ariftophane, Comédies Greques, trad. en françois avec des remarques, par Mlle. le Fevre. *Paris, Barbin,* 1684, *in-12. mar. r.*

160 I Vincitori Olimpici di Pindaro, tradotti in Italiane Canzoni, col tefto Greco, ed illuftrati con Poftille da Gian Batifta Gautier. *In Roma, Komarek,* 1762, *in 8. gr. pap. fig. v. f.*

161 Les Poëfies d'Anacreon en grec, avec la traduction en vers françois, par Fr. Gacon. *Paris, Grangé,* 1754, *in-16. mar. r.*

162 Sapphus, Poetriæ Lefbiæ fragmenta & elogia, gr. & lat. cum viror. Doct. notis integris, curâ & ftudio Jo. Chrift. Wolfii, qui vitam Sapphonis & Indices adjecit. *Londini, Vandenhoeck,* 1733, *in-4. mar. r.*

163 Theocrito Volgarizzato da Domenico Rego-
lotti. *Torino, nell' Accademia Reale, 1729, in 8.
mar. r.*

Collections des anciens Poëtes Latins.

164 Epigrammatum delectus, ex omnibus tum ve-
teribus, tum recentioribus Poetis decerptus, cum
diſſertatione de vera pulchritudine, a P. Nicole
editus. *Pariſiis, Savreux, 1659. in 12. mar. r.*

Poëtes Latins anciens.

165 M. Accii Plauti Comœdiæ viginti, Opera Jo.
Sambuci emendatæ. *Antuerpiæ, Plantinus, 1566,
in-16. v. f. l. r. Litt. quadr.*

166 Terentius cum Directorio, Gloſa interlineali,
& Commentariis, Donati &c. *Argentinæ, Gru-
ninger, 1496, in fol. fig.*

167 Idem Terentius, à M. Ant. Mureto emendatus. *Antuerpiæ, Plantinus, 1565, in-16. l. r.
mar. bl. doublé de m.*

168 Pub. Terentii Comœdiæ ſex. ex recenſione
Heinſiana. *Lugd. Bat. ex officina Elzeviriana,
1635, in-12. mar. r.*

169 Eædem Terentii Comœdiæ. *Pariſiis, e Typogr.
Regia. 1642, in-fol. mar. c.*

170 Idem Terentius, cum variis Lection. *Londini, Sandby, 1751. 2 vol. in-8. c. m. fig. mar.
r. dent.*

171 Eædem Terentii Comœdiæ, ad optim. exempl.
fidem recenſitæ ; acceſſerunt variæ Lectiones, curante Steph. Andr. Philippe. *Lut. Pariſ. Merigot,
1753, 2 vol. in-12. pap. d'Holl. fig. mar. r.*

172 Le grant Therence en françoys, tant en rime que en profe. *Paris, Kerver, 1539, in-fol. fig. v. f.*

173 Les Comédies de Terence, avec la traduction & les remarques de Mad. Dacier. *Rotterdam, Fritfch, 1717, 3 vol. in-8. gr, pap. mar. r. fig. de Picart.*

174 L'Andria, & l'Eunucho di Terentio, tradotte in verfo Sdrucciolo per Gio. Giuftiniano di Candia. *In Vinegia, Fr. d'Afola 1544, in-8. impr. fur pap. bleu.*

175 T. Lucretii Cari de rerum natura libri fex. accedunt Selectæ Lectiones curante Steph. And. Philippe. *Lut. Parif. Couftelier, 1744, in-12. fig. pap. d'Holl. l. r. mar. r.*

176 Idem Lucretius ex edit. T. Creech. *Glafguæ, Foulis, 1749, in-8. pap. d'Holl. mar. r.*

177 Les Œuvres de Lucrece, trad. en fr. avec des remarques par le Baron de Coutures. *Paris, 1692, 2 vol. in-12. v. f.*

178 Lucrece, traduction nouvelle, avec des notes, par M. la Grange. *Paris, Bleuet, 1768, 2 vol. in-8. pap. d'Holl. fig. mar. r.*

179 Di Tito Lucrezio Caro della natura delle cofe libri fei. tradotti da Aleffandro Marchetti. *Londra, Pickard, 1717, in-8. l. r. mar. citr.*

180 Il medefimo Lucrezio di Marchetti, dato in luce da Fr. Gerbault. *In Amft. (Parigi), 1754, 2 vol. in-8. pap. d'Holl. fig. mar. r. dent.*

181 Catullus, Tibullus, Propertius, & Corn. Galli fragmenta. *Lugduni, Griphius, 1534, in-8. l. r. v. f.*

182 Eadem Catulli, Tibulli & Propertii Opera. *Antuerpiæ, Plantinus, 1569, in-12. mar. bl.*

183 Eadem Catulli, Tibulli, Propertii Opera, ad opt. exempl. fidem recensita. *Lut. Parif. Couftelier*, 1723, *in-4. c. m. v. f.* Castratus

184 Catullus, Tibullus & Propertius, ex emendat. Steph. Andr. Philippe, accedunt fragmenta Corn. Gallo inscripta. *Lugd. Bat. (Parifiis, Couftelier)* 1743, 2 *vol. in-12. pap. d'Holl. l. r. mar. r.*

185 Virgilius, poft omnes omnium editiones accurate emendatus. *Venetiis, Aldus*, 1545, *in-8. v. f.*

186 P. Virgilii Maronis Opera. *Lugd. Bat. ex Officinâ Elzevirianâ*, 1636, *in-12. mar. bl.*

187 Eadem Virgilii Opera. *Parifiis, è Typogr. Reg.* 1641, *in-fol. mar. r.*

188 Eadem Virgilii Opera, Nic. Heinfius recenfuit. *Amft. ex Officinâ Elzevirianâ*, 1676, *in-12. c. m. l. r. mar. bl. d. de mar.*

189 Idem Virgilius, interpret. & notis illuftravit Car. Ruæus. *Parifiis, Barbou*, 1742, 3 *vol. in-12.*

190 Idem Virgilii Maronis Opera, curis & ftudio Steph. Andr. Philippe. *Lut. Parif. Couftelier*, 1745, 3 *vol. in-12. pap. d'Holl. l. r. fig. mar. r.*

191 Eadem Virgilii Opera. *Londini, Sandby*, 1750, 2 *vol. in-8. c. m. fig. mar. r. dent.*

192 Les Œuvres de Virgile, trad. en profe, enrichies de figures, tables, remarques, comment. & vie de l'Auteur, avec une explication géograph. du Voyage d'Enée & de l'anc. Italie, par Michel de Marolles. *Paris, Quinet*, 1649, *in-fol. gr. pap. l. r. mar. r. Outre les figures de Chauveau on a joint dans cet exemplaire celles du Virgile de Londres donné par Ogilvi.*

193 Les Œuvres de Virgile trad. en françois, le texte vis-à-vis la traduction, ornées de figures

en taille douce , deffinées & gravées par **M.**
Cochin , avec des remarques , par l'Abbé des
Fontaines. *Paris , Quillau , 1743 , 4 vol. in-8.
mar. r.*

194 Les Géorgiques de Virgile, traduction nouvelle en vers françois , enrichies de notes & de
figures, par M. Delille. *Paris , Bleuet , 1770, in-8.
pap. d'Holl. mar. r.*

195 L'Eneide di Virgilio del Commendatore Annibal Caro. *In Parigi, Ve Quillau , 1760, 2 vol.
in-8. fig. pap. d'Holl. mar. r.*

196 Q. Horatius Flaccus , ex recenfione Dan.
Heinfii. *Lugd. Bat. ex Officinâ Elzevirianâ, 1629,
in-12. l. r. mar. r.*

197 Idem Horatius , accedunt Dan. Heinfii de
Satyra Horatiana libri duo, & animadverfiones.
Ibid 1629, 2 vol. in-12. mar. bl.

198 Eadem Horatii Opera. *Parifiis , è Typogr.
Reg. 1642 , in-fol. mar. r.*

199 Eadem Horatii Poëmata, Scholiis five annota-
tionibus illuftrata à Jo. Bond. *Amft. apud Dan.
Elzevirium , 1676 , in-12. mar. v.*

200 Idem Horatius , cum annotat. Jo. Bond. *Aure-
lianis , Couret de Villeneuve. 1767 , in-12. mar. r.*

201 Eadem Horatii Opera. *Parifiis , è Typog. Reg.
1733 , in-24. mar. bl.*

202 Idem Horatius. *Londini , Æneis tabulis incidit
Jo. Pine , 1733 , 2 vol. in-8. l. r. mar. bl. dent.*

203 Idem Horatius, *Jo. Pine. 2 vol. in-8. mar. à
compart.*

204 Eadem Horatii Opera. *Londini , Sandby ,
1749, 2 tom. en un vol. in-8. c. m. fig. mar. r.
dent.*

205 Idem Horatius. *Glasguæ, Foulis* 1750, *in-8.* 8

pap. *d'Holl. mar. r.*

206 Idem Horatius. *Birminghamiæ, Baskerville,* 13 10

1762, *in-12. mar. r.*

207 Idem Horatius. *Birminghamiæ, Typis de Baf-* 48 2

kerville, 1770, *in-4. c. m. mar. r. fig.*

208 Œuvres d'Horace en latin & en françois, 86

avec des remarques critiques & hiftoriques, par

A. Dacier. *Paris, Ballard,* 1709, 10 *vol. in-12.*

gr. pap. l. r. mar. r.

209 Pub. Ovidii Nafonis Opera. Dan. Heinfius re-

cenfuit. accedunt breves notæ Scaligeri & J. Gru-

teri. *Lugd. Bat. ex officina Elzeviriana,* 1629 3 33 1

vol. in-12. mar. r.

210 Eadem Ovidii Opera, Nic. Heinfius caftiga-

vit. *Amft. Dan. Elzevirius,* 1664, *in-16.* 3 *vol.* 14

mar. r.

211 Métamorphofes d'Ovide en rondeaux, par de 12

Benferade. *Paris, de l'Impr. Royale,* 1676, *in-4.*

fig. mar. r.

212 Les Métamorphofes d'Ovide en latin, traduites

en françois avec des Remarques & des Explica-

tions hiftoriques par l'Abbé Banier, ouvrage en- 173 10

richi de figures gravées par B. Picart. *Amft. Wetf-*

tein, 1732 *in-fol. mar. r.*

213 Le Metamorfofi di Ovidio ridotte da Gio.

Andrea dell'Anguillara in ottava rima, con le

annotat. di Giofeppe Horologgi, & gli Argo- 27

menti & poftille di Fr. Turchi. *In Vinegia,*

Giunti, 1584, *in-4. fig. mar. r.*

214 Epiftole Eroiche di P. Ovidio Nafone tradotte

da Remigio Fiorentino. *In Parigi, Durand,* 1762, 11

in-4. fig. m. r.

215 Phædri Aug. Liberti Fabularum Æfopiarum 24 2

Libri V. notis illuftravit David Hoogftratanus.
Amft. Halma, 1701, *in*-4. *fig. m. r.*

216 Idem Phædrus Hoogftratani. *Ibid. in*-4. *c. m.
mar. bl.*

217 Eædem Phædri Fabulæ, ex edit. Mich. Mai-
taire. *Londini, Tonfon,* 1713, *in*-12. *mar. bl.*

218 Ejufdem Phædri Fabularum Æfopiarum libri V.
cum novo commentario Petri Burmanni. *Leidæ,
Luchtman,* 1727, *in*-4. *v. f.*

219 Eædem Phædri Fabulæ, & P. Syri Sententiæ.
Parifiis, ex Typogr. Reg. 1729, *in*-24. *c. m. mar.
bl.*

220 Eædem Phædri Fabulæ, ex emendat. Steph.
Andr. Philippe. *Parifiis, Couftelier,* 1742, *in* 12.
pap. d'Holl. l. r. mar r.

221 Les Fables de Phedre, trad. en fr. avec le
latin à côté. *Paris, Durand,* 1647, *in*-16. *l. r.
mar r. d. de mar.*

222 L. & M. Annæi Senecæ Tragœdiæ, cum notis
Th. Farnabii. *Amft. Blaeu,* 1656, *in*-12. *mar. r.*

223 Eædem L. Annæi Senecæ Tragœdiæ, cum
notis Jo. Fred. Gronovii, & variorum. *Amft.
Boom,* 1682, *in*-8. *mar r. d. de m.*

224 M. Annæi Lucani Pharfalia, vulgari fermone
Italico tranflata, per R. P. L. de Montichiello.
Romæ, per Eucharium Silber, 1492, *in*-4. *mar r.*

225 Ejufdem Lucani de Bello Civili libri X. *Lugd.
Gryphius,* 1536, *in*-8. *l. r. mar. bl.*

226 La Pharfale de Lucain, en vers françois, par
de Brebeuf. *Paris, Loyfon,* 1670, *in*-12. *fig.*

227 La Pharfale de Lucain, en vers françois, par
de Brebeuf. *Leyde, Elzevier,* 1658, *in* 12. *mar r.*

228 La Pharfale de Lucain trad. en françois, par
M. Marmontel. *Paris, Merlin,* 1766, 2 *vol.
in*-8. *fig. mar r.*

229 A. Perſii, D. Jun. Juvenalis Satyræ, Sulpiciæ Satyra, cum vet. comment. ex Bibliothecâ P. Pithœi. *Lutetiæ, Patiſſonius*, 1585, *in-8. v. f.*

230 Satyres de Perſe, trad. nouvelle, avec le texte latin à côté, par M. l'Abbé le Monnier. *Paris, Jombert*, 1771, *in-8. br.*

231 Silius Italicus, cum argumentis Hermanni Buſchii & Scholiis. *Pariſiis, Colinæus*, 1531, *in-8. l. r. mar. r.*

232 Statii Sylvarum libri V, Thebaidos libri XII, Achilleidos libri II. *Pariſiis, Colinæus*, 1530, *in-8. v. f.*

233 C. Valerii Flacci Argonautica. Orphei Argonautica. *Venetiis, Aldus*, 1523, *in-8. l. r. mar. bl.*

234 M. Val. Martialis Epigrammata, ex caſtigatione Jo. Boulierii. *Lugduni, Vincentius*, 1559, *in-16. l. r. mar. bl.*

235 Eadem Martialis Epigrammata. *Pariſiis, Robuſtel*, 1754, 2 *vol. in-12. pap. d'Holl. mar. r.*

236 D. Junii Juvenalis Satyræ. *Pariſiis, è Typogr. Regia*, 1644, *in-fol. mar. c.*

237 Ejuſdem Juvenalis & A. Perſii Satyræ, ex recenſione Henr. Chriſt. Henninii. *Glaſguæ, Foulis*, *in-8. pap. d'Holl. mar r.*

238 Satyres de Juvenal, traduites par M. Dufaulx. *Paris, Lambert*, 1770, *in-8. v. f.*

239 Cl. Claudiani quæ extant, Nic. Heinſius recenſuit ac notas addidit. *Lug. Bat. ex Officinâ Elzevirianâ*, 1650, 2 *vol. in-12. l. r. mar. bl.*

240 Prudentii Poetæ Opera: Cantica Jo. Damaſceni, Coſmæ Hieroſolymitani, Marci Epiſcopi Idrontis, Theophanis, Gr. *Venetiis, Aldus*, 1501, *in-4. mar. bl.*

241 Aurelii Prudentii Clementis quæ extant: Nic.

Heinſius recenſuit & animadverſiones adjecit.
Amſt. apud Dan. Elzevirium, 1667, in-12. mar. r.

Poëtes Latins modernes.

242 Poëmata Didaſcalica , à Joſ. Oliveto edita. *Pariſiis, le Mercier, 1749, 3 vol. in-12. v. f.*

243 Carmina quinque illuſtrium Poëtarum , P. Bembi, And. Naugerii , Balth. Caſtilioni, Jo. Cottæ & M. Ant. Flaminii. *Florentiæ, Torrentinus, 1552, in-12. v. f.*

244 Fr. Philelfi Satyre centum , præmiſſa authoris vita , & annotationes in margine, ab Egidio Perrino Campano. *Pariſiis, Rob. & Jo. Gourmont, 1518, in-4. l. r. mar. r.*

245 Jo. Joviani Pontani Carmina. *Venetiis in Ædibus Aldi, 1518 & 1533, 2 vol. in-8. mar. r.*

246 Strozii Poetæ pater & filius. *Venetiis, Aldus, 1513. in-12. v. f.*

247 Jac. Sannazari Carmina. *Venetiis, Aldus, 1535, in-8. v. f.*

248 M. Antonii Flaminii Carminum libri V. *Florentiæ, Torrentinus, 1552. in-8. mar. c.*

249 Theodori Bezæ poemata. *Lutetiæ, ex officinâ Conr. Badii, 1548. — M. A. Mureti Juvenilia. Pariſiis, Vidua Mauricii a Porta, 1553. in-8. l. r. mar. v.*

250 M. A. Mureti Juvenilia. *Pariſiis, ex officinâ viduæ Mauricii à Porta, 1553. l. r. in-8. v. f.*

251 Calvidii Leti (Claudii Quilleti) Callipædia , ſeu de pulchræ prolis habendæ ratione Poema. *Lugd. Bat. 1655. in-4. v. f.*

252 La Callipedie, trad. du Poëme latin de Cl. Quillet, *Paris, Piſſot, 1749. in-8. v. f.*

253 Imitations du Latin de Jean Bonnefons, avec autres gayetez amoureufes, par G. Durand. *Paris, du Brueil*, 1610. *in-12.*

254 Ægidii Menagii Poemata. *Amft. ex officinâ Elzevirianâ*, 1663, *in-12. mar. r.*

255 L'Anti Lucrece, Poëme fur la Religion naturelle, compofé par le Card. de Polignac, trad. par de Bougainville, *Paris, Guerin*, 1749. 2 *vol. in-8. mar. r.*

256 J. B. Santolii Carmina. *Parifiis, Thierry*, 1698, *in-12.*

257 Antithefis Chrifti & Antichrifti, videlicet Papæ, id eft exemplorum, factorum, vitæ & doctrinæ utriufque ex adverfo collata comparatio, verfibus & figuris illuftrata. *Apud Euft. Vignon*, 1578. *in-12. mar. r.*

258 Petrifcus Georgii Macropedii, fabula jucundiffima. *Bufciducis, apud Gerard. Hatardum*, 1536. —Georgii Macropedii Andrifca fabula lepidiffima. *Antuerpiæ, Hillenius*, 1538. — Ejufdem Rebelles & Aluta comicæ fabulæ. *Coloniæ* 1540, *in-8. v. m.*

259 Jo. Oweni Epigrammata. *Amft. Lud. Elzevirius*, 1647, *in-18. mar. c.*

Poëtes Macaroniques.

260 Opus Merlini Cocaii poetæ Mantuani Macaronicorum, totum in priftinam formam per me Acquarium Lodolam redactum. *Amft. à Someren*, 1692. *in-12. fig. mar. r.*

261 Hiftoire Macaronique de Merlin Coccaie, *Paris, Pautonnier*, 1666, *in-16. ma . v.*

POETES FRANÇOIS.

Collections & Extraits des Poëtes François.

262 Fabliaux & Contes des Poëtes François des
XII. XIII. XIV. & XVᵉ. fiécles. *Paris, Vincent,*
1756, 3 vol. in-12. v. f.

263 Recueil des plus belles piéces des Poëtes
François, depuis Villon jufqu'à Benferade. *Paris,*
Barbin, 1692, 5 vol. in-12. mar. c.

Poëtes François, depuis l'origine de la Poëfie Françoife
jufqu'à Clément Marot.

264 Le Roman de la Rofe, où l'art d'Amours eft
toute enclofe, commencé par Guill. de Lorris, &
achevé par Jehan de Meung, dit Clopinel, *in-4.*
mff. fur velin, avec miniatures & lettres majufcules
en or. mar. c.

265 Le même Roman de la Rofe. *Paris, Galiot*
Dupré, 1529. in-8. lettres rondes. mar. v.

266 Le même Roman de la Rofe. *Paris, Jehan*
Longis, 1538, in-8. goth. fig. mar. r.

267 Le Roman de la Rofe, par Guill. de Lorris &
Jean de Meun, dit Clopinel, revu fur plufieurs
éditions, accompagné d'une Préface hiftorique,
de Notes & d'un Gloffaire ; par l'Abbé Lenglet
du Frefnoy. *Amft. (Paris veuve Piffot, 1735,)*
& Dijon, Sirot, 1737, 4 vol. in-12. mar. r.

268 Le Champion des Dames, contenant la dé-
fenfe des Dames contre Malebouche & fes Con-
fors, par Martin Franc. *Paris, Galliot Dupré,*
1530, in-8. lettres rondes, l. r. mar. bl.

269 Le Romant des trois Pélerinages ; le premier de

l'Homme durant qu'eſt en vie; le deuxiéme, de l'Ame ſéparée du Corps; & le troiſiéme, de N. S. J. C. compoſé par Fr. Guillaume Deguille-ville. *Paris, Verard,* 1511, *in fol. goth. v. f.*

270 Le Roman du Chevalier aux Dames, en rime françoiſe, *Metz, Hochteder,* 1516. *in-4. goth. fig. mar. r.*

271 Les Poëſies du Roi de Navarre, avec des Notes & un Gloſſaire fr. L'Hiſtoire des révolutions de la Langue Françoiſe, depuis Charlemagne juſqu'à Saint Louis, par M. l'Evêque de la Ravalliere. *Paris, Guerin,* 1742. 2 *vol. in-8. mar. bl.*

272 Les Poëſies de Guill. Coquillart. *Paris, Couſ-telier,* 1723. *in-12. mar. r.*

273 La Farce de Pathelin, avec ſon teſtament à quatre perſonnages. *Paris, Couſtelier,* 1723. *in-12. mar. r.*

274 Les Œuvres de Fr. Villon. *Paris, Couſtelier,* 1723. *in-12. mar. r.*

275 Les Arrêts d'Amours, avec l'Amant rendu Cordelier à l'Obſervance d'Amours, par Martial d'Auvergne, accompagnés des Commentaires juridiques & joyeux de Benoît de Court, & d'un Gloſſaire. *Amſt.* 1731. 2 *vol. in-12.*

276 Les Poëſies de Martial de Paris, dit d'Au-vergne. *Paris, Couſtelier,* 1724, 2 *vol. in-12. mar. r.*

277 Le grant Blaſon de faulſes Amours, utile & prouffitable à tous Amoureux, par Fr. Guillaume Alexis. --Les Fantaiſies du monde. *Paris, Mich. Le Noir,* 1501. *goth. in-4. v. f.*

278 Les Lunettes des Princes, compoſées par Jehan Meſchinot. *Paris, J. du Pré, in-4. goth. v. f.*

279 Les menus Propos de Pierre Gringore. *Paris;*

Couteau, 1521, *in-8. fig. goth. mar. c.*

280 Le Vergier d'honeur; de l'entreprinfe & voyage de Naples, auquel eft comprins comment le Roy Charles VIII. à banyere defployée paffa & repaffa depuis Lyon jufques à Naples; enfemble plufieurs auftres chofes faictes & compofées par Octavien de Saint Gelais & par Andry de la Vigne. *Paris, Trepperel, in-4. goth. fig. mar. r.*

281 Le Catholicon des mal Advifez, autrement dit le Cymetiere des Malheureux, par Laurens Defmoulins. *Paris, J. Petit, 1513. in-8. goth. mar. bl.*

282 La Légende de Pierre Faifeu, mife en vers par Ch. Bourdigné. *Paris, Couftelier, 1723, in-12. mar. r.*

283 Les Poëfies de Guill. Cretin. *Paris, Couftelier, 1723, in-12. mar. r.*

284 Les Œuvres de J. Marot. *Paris, Couftelier, 1723, in-12. mar. r.*

285 Œuvres poëtiques de Mellin de Saint Gelais. *Paris, 1719, in-12. mar. r.*

Poëtes François, depuis Clément Marot jufqu'à Malherbe.

286 Les Œuvres de Cl. Marot. *Lyon, à l'enfeigne du Rocher, 1545, in-8. v. f.*

287 Les mêmes Œuvres de Clément Marot. *La Haye, Moetjens, 1700, 2 tom. en un vol. in-12. l. r. mar. v.*

288 Marguerites de la Marguerite des Princeffes, très-illuftre Royne de Navarre. *Lyon, de Tournes, 1547. 2 vol. in-8. mar. r.*

289 Recueil des Œuvres de Bonaventure des Periers. *Lyon, de Tournes, 1544, in-12. l. r. mar. v. d. de mar.*

290 Recueil des Œuvres poëtiques de J. Bertaut. Paris, l'Angelier, 1605, in-8. mar. r.

291 Les Œuvres poëtiques de Bertaut. Paris, Toussaint du Bray, 1620, in-8.

292 Les Œuvres françoises de Joachim du Bellay. Paris, Morel, 1584. 2 vol. in-12. v. f.

293 Les Œuvres poëtiques de Remy Belleau. Paris, Patisson, 1578. 2 tom. en un vol. in-12. mar. v.

294 Les Œuvres poëtiques d'Amadis Jamyn. Paris, Patisson, 1575, in-4. v. f.

295 Les Œuvres & Mélanges poëtiques d'Etienne Jodelle. Paris, Chesneau, 1583, in-12. v. f.

296 Les Œuvres de J. Ant. de Baif, sçavoir, ses Poëmes, ses Amours, ses Jeux & ses Passetems. Paris, Breyer, 1573, 4 vol. in-8. l. r. v. f.

297 Les Poësies de Jacq. Tahureau. Paris, l'Angelier, 1574, in-8. v. f.

298 Les premieres Œuvres de Philippe des Portes. Paris, Patisson, 1600, 2 vol. in-8. v. f.

299 Les mêmes Œuvres de Philippe des Portes. Paris, Patisson, 1600, in-8. mar. r. avec des notes grammaticales de Malherbe, Mf.

Poëtes François depuis Malherbe jusqu'à nos jours.

300 Les Poësies de Malherbe, avec les observations de Menage. Paris, Brunet, 1698, in-12. l. r. mar. r.

301 Les Œuvres de Fr. de Malherbe, avec les observations de Menage, & les remarques de Chevreau. Paris, Barbou, 1723, 3 vol. in-12. mar. bl.

302 Les mêmes, avec des remarques historiques & critiques. Paris, Barbou, 1757, in-8. pap. d'Holl. mar. r.

303 Les premieres Œuvres de Scevole de Sainte Marthe. *Paris, Morel,* 1569, *in*-8. *l. r. v. f.*

304 Les Satyres de Regnier, augmentées des Satyres de Sigogne, Motin, Touvant & Bertelot. *Rouen, Besongne,* 1625.—Les Satyres du Sr. du Lorens. *Paris, Villery,* 1624, *in*-8.

305 Les Satyres & autres Œuvres de Regnier. *Leiden, Elzevier,* 1652, *in*-12. *mar. c.*

306 Les mêmes Œuvres de Regnier, accompagnées de remarques historiques. *Londres, Tonson,* 1733, *in*-4. *Gr. Pap. mar. bl.*

307 Les Œuvres de Honorat de Beuil, Chevalier, Seigneur de Racan. *Paris, Coustelier,* 1724, 2 *vol. in*-12. *mar. r.*

308 Les Œuvres de Saint Amant. *Paris, Quinet,* 1642, *in*-4. *v. f.*

309 Clovis, ou la France Chrétienne, Poëme héroïque, par J. Desmarets. *Paris, Courbé,* 1657, *in*-4. *fig.*

310 Les Œuvres de Nic. Frenicle. *Paris; J. de Bordeaux,* 1629, *in*-8. *v. f.*

311 Alaric, ou Rome vaincue, Poëme héroïque, par de Scudery. *Paris, Courbé,* 1656, *in*-12. *fig. mar. r.*

312 La Musette du Sr d'Alibray. *Paris,* 1646, *in*-12. *v. f.*

313 Poësies diverses de Furetiere. *Paris, Joly,* 1664, *in*-12.

314 Fables morales en Vers, par Furetiere. *Paris, Barbin,* 1671, *in*-12.

315 Nouvelles en Vers, par J. de la Fontaine. *Amst. Desbordes,* 1685, 2 *vol. in*-8. *mar. r. fig.*

316 Les mêmes. (*Paris,*) 1743, 2 *vol. in*-12. *mar. r.*

317 Les mêmes, avec les fig. deffinées par Ch.
Eifen. *Amft.* (*Paris*,) 1762, 2 *vol. in-8. mar. r.*
dent.

318 Fables choifies, mifes en Vers, par J. de la
Fontaine. *La Haye, Van Bulderen,* 1687, 2 *vol.
in-8. fig. l. r. mar. r. d. de mar.*

319 Les mêmes, avec un Commentaire par Cofte.
Paris, Compagnie, 1743, 2 *vol. in-12. mar. r.*

320 Les mêmes Fables de la Fontaine, avec les
figures deffinées par J. B. Oudry. *Paris, Durand,*
1755, 4 *vol. in-fol. gr. pap. mar. bl.*

321 Œuvres diverfes de J. de la Fontaine. *Paris,
Veuve Piffot,* 1744, 4 *vol. in-12. mar. r.*

322 Œuvres de Nic. Boileau Defpreaux. *Paris,
Billiot,* 1713, *in-4. gr. pap. fig. v. f.*

323 Les mêmes Œuvres de Boileau, avec des
éclairciffemens hiftoriques donnés par lui-même,
Amft. Mortier, 1718, 2 *vol. in-fol. fig. de Picart,
mar. bl.*

324 Les mêmes Œuvres de Boileau, avec les éclairciffemens hiftoriques donnés par lui-même, &
les fig. de Bern. Picart, *La Haye, Vaillant,* 1722,
4 *vol. in-12. l. r. mar. r. doublé de mar. bl.*

325 Les mêmes Œuvres de Boileau, nouv. édit.
avec des éclairciffemens hiftoriques donnés par
lui-même & rédigés par Broffette, augmentée de
plufieurs piéces, avec des remarques & des dif-
fertations critiques par de Saint-Marc. *Paris, Da-
vid,* 1747, 5 *vol. in-8. pap. d'Holl. mar. r.*

326 Poëfies de Madame Deshoulieres. *Paris, Vil-
lette,* 1707, 2 *tom. en un vol. in-8. mar. r.*

327 Poëfies de Bern. de la Monnoye, avec fon
éloge par de Sallengre. *La Haye, le Vier,* 1716,
in-8. v. f.

C ij

328 Noei Borguignon de Gui Barozai (Bern. de la Monnoye), & un Gloſſaire pour l'intelligence des mots Bourguignons. *Ai Dioni*, 1720, *in-8. avec les airs notés à la main, mar. r.*

329 Œuvres d'Eſt. Pavillon. *La Haye, du Sauçet,* 1715, *in 8. mar. bl.*

330 Œuvres mêlées de la Grange. *La Haye, le Vier,* 1724, *in-12.*

331 Œuvres de Jacques Vergier. *Paris, Couſtelier,* 1727, *2 vol. in-12. mar. c.*

332 Œuvres diverſes de J. B. Rouſſeau, avec le ſupplément, les nouvelles Œuvres & l'Anti-Rouſſeau par le Poëte ſans fard. (Gacon). *Amſt. Changuion,* 1736, *6 vol. in-12. l. r. mar. r.*

333 Feſtin joyeux, ou la Cuiſine en muſique, en vers libres. *Paris, Leſclaport,* 1738, *in-12. v. f.*

334 La Henriade de M. de Voltaire, avec des remarques & des variantes. *Londres,* 1741, *in-4. fig. mar. r.*

335 Les deux Tonneaux, Poëme allégorique, & le Temple de Mémoire, par M. Piron. *Paris,* 1744, *impr. ſur velin, in-12. v. f. in 8*

336 Fables nouvelles par Peſſelier. *Paris, Prault,* 1748, *in-8. gr. pap. mar. r.*

337 L'Art de peindre, Poëme, avec des réflexions ſur les différentes parties de la peinture, par M. Watelet. *Paris, Guerin,* 1760, *in-4. pap. d'Holl. fig. mar. r.*

338 Memoires pour ſervir à l'Hiſtoire de la Calotte. *A Moropolis,* 1732, *in-16. mar. c.*

339 Recueil de Poëtes Gaſcons, contenant les Œuvres de Pierre Goudelin, des ſieurs le Sage & Michel. *Amſt. Pain,* 1700, *2 vol. in-12. v. f.*

POETES FRANÇOIS DRAMATIQUES.

*Traités généraux & préliminaires sur le Théâtre
François.*

340 La Pratique du Théâtre, par Hedelin, Abbé
d'Aubignac. *Paris, Thierry,* 1669, *in-4. mar. r.*

341 De la réformation du Théâtre, par L. Riccoboni. (*Paris*), 1743, *in-12. v. f.*

342 Obfervations fur la Comédie, & fur le Génie
de Moliere, par L. Riccoboni. *Paris, Veuve Piffot,* 1736, *in-12.*

343 Bibliotheque des Théâtres. *Paris, Prault,*
1733, *in-8. v. f.*

Anciens Myfteres.

344 Le Myftere de la Réfurrection de N. S. par
Perfonnaiges, mis en rime fr. par J. Michel. *Paris, Lotrian, in-4. goth. mar. bl. d. de mar. dent.*

345 Les Catholiques Œuvres & Actes des Apô-
tres rédigez en efcript par S. Luc; avecques plufieurs hyftoires en iceluy inferez des geftes des
Cefars; & les demonftrances des fig. de l'Apo-
calypfe vues par S. Jehan, avecques les cruaultez
de Neron & Domician, joué par perfonnages.
Paris, les Angeliers, 1541, 3 *tom. en un vol.
in-fol. mar. r.*

*Poëtes Dramatiques depuis le rétabliffement du
Théâtre François.*

346 Les Contens, Comédie nouvelle en profe

BELLES-LETTRES.

françoise, par Odet de Tournebu. *Paris, Man-gnier, 1584, in-12.*

347 Les tragédies de Robert Garnier. *Paris, Patif-son, 1585, in-12.*

348 Les tragédies de Ant. de Montchreftien fieur de Vafteville ; plus, une Bergerie & un Poëme de Sufanne. *Rouen, J. Petit, 1601, in-8. mar. r.*

349 Les Tragédies de N. Chretien, Sieur des Croix. *Rouen, Reinfart, 1608, in-12.*

350 Théâtre de Montfleury pere & fils. *Paris, Nyon, 1739, 3 vol. in-12. v. f.*

351 Œuvres de P. & Th. Corneille. *Paris, Da-vid, 1748, 11 vol. in-12. gr. pap. mar. c.*

352 Théâtre de P. Corneille, avec des Commen-taires, par M. de Voltaire. (*Geneve, Crammer,*) *1764, 12 vol. in-8. fig. v. f.*

353 Les Chefs-d'œuvres de P. Corneille, avec les Jugemens des Savans à la fuite de chaque piéce. *Oxford, Fletcher, 1746, in-8. mar. r. dent.*

354 Œuvres de J. B. Pocquelin de Moliere. *Paris, Société, 1734, 6 vol. in-4. fig. mar. bl.*

355 Les mêmes Œuvres de Moliere. *Paris, Da-vid, 1739, 8 vol. in-12. mar. r. On a mis dans cet exemplaire les jolies figures gravées en Hollande par Punt. 1 fuut* *

356 Théâtre de Rofimond. *Paris, Bienfait, 1663 in-12. v. f.*

357 Œuvres de J. Racine. *Londres, Tonfon, 1723, 2 vol. in-4. fig. v. f.*

358 Les mêmes Œuvres de J. Racine. *Paris, Prault, 1741, 2 vol. in-12. gr. pap. fig. mar. bl.*

359 Les mêmes Œuvres de J. Racine. *Paris, Société, 1760, 3 vol. in-4. fig. mar. r.*

360 Les Œuvres de Pradon. *Paris, Ribou, 1689, in-12.*

361 Les Œuvres de J. Fr. Regnard. *La Haye, Moet-jens, 1728, 2 vol. in-12. v. f.*

362 Œuvres de J. Galbert de Campistron. *Paris, Nyon, 1739, 2 vol. in-12. v. f.*

363 Les Œuvres de Charles Chevillet de Champmelé. *Paris, Ribou, 1702, in-12.*

364 Piéces de J. Fr. Juvenon de la Thuilerie. *Paris, Guillain, 1696, in-12.*

365 Œuvres de Marc-Antoine le Grand. *Paris, Société, 1770, 4 vol. in-12. v. f.*

366 Les Œuvres de Prosper Jolyot de Crebillon. *Paris, Pissot, 1749, 3 vol. in-12. mar. r.*

367 Les mêmes Œuvres de Crebillon. *Paris, de l'Impr. Royale, 1750, 2 vol. in-4. mar. r.*

368 Le Caffé, ou l'Ecossaise, Comédie, &c. *Londres, (Genêve), 1760, in-12. v. f.*

369 Les Philosophes, Comédie, par M. Palissot. *Paris, 1760.* — Petites Lettres sur les grands Philosophes. *Paris, 1757.* — Lettres de M. de Voltaire à M. Palissot, & autres piéces relatives. *Genêve, 1760, in-12. v. f.*

370 Théâtre de Société, ou Recueil de différentes piéces, tant en vers qu'en prose, qui peuvent se jouer sur un Théâtre de Société. *Paris, Guessier, 1768 2 vol. in-8. v. f.*

371 Proverbes Dramatiques. *Paris, Merlin, 1768, 2 vol. in-8. v. f.*

372 Le Théâtre Italien de Gherardi. *Paris, Witte, 1700, 6 vol. in-12. fig. v. f.*

Théâtre Lyrique & Chansons.

373 Recueil général des Opéra. *Paris, Ballard, 1703, 16 vol. in-12. mar. r.*

C iv

*** L'Edit. de Racine de 1741 en 2 vol. in 12 a été faite sur celle qui avoit été imprimée in 4. en 1723. Londres. elle est précédée d'un long avertiss. avant dans lequel on trouve beaucoup de variantes. il y a au devant de chaque pièce les Epîtres ded. que l'auteur avoit mises, à la tête de chacune lorsqu'il les avoit publiées, séparément.

La tragédie d'Esther y est en trois actes. elle avoit été imprimée dans presque toutes les éditions qui avoient paru depuis 1702, en 5 on en a coupé dans celle-ci. La scène 7 du 3.e act en 2 l'op. co. prin.

374 Sommaire de tous les recueils de Chanfons,
tant amoureufes, ruftiques que muficales. *Paris,
Bonfons,* 1573, *in-16. m. cit.*

375 Chanfons nouvelles fort amoureufes, plaifantes
& récréatives. *Lyon , Rigaud ,* 1588 *, in-16.
mar. citr.*

376 Anthologie Françoife , ou Chanfons choifies,
depuis le XIIIe. fiécle jufqu'à préfent, recueillies
par Monet. (*Paris,*) 1765 *,4 vol. in-8. mar. r.*

POETES ITALIENS.

Collections & Extraits des Poëtes Italiens.

377 I Fiori delle rime de' Poeti illuftri , raccolti
& ordinati da Girolamo Rufcelli, con alcune
annotationi. *In Venetia , Seffa ,* 1558 *, in-8. mar. bl.*

378 Stanze di diverfi illuftri Poeti , racolte da M.
Lodovico Dolce. *In Vinegia , Giorito , dé' Ferrari,*
1560 *, in 16. mar. citr.*

379 Le terze rime Piacevoli di Giovani della Cafa ,
con una fcelta delle migliori rime burlefche del
Berni , Mauro , Dolce ed Altri. *In Benevento ,*
(*Londra*), 1727 *, in-8. v. f.*

380 Dialogo dove fi ragiona della bella Creanza
delle Done. *In Venetia ,* 1574 *, in-16. mar. r.*

381 Rime de' piu illuftri poeti italiani fcelte dall'
Abbate Antonini. *In Parigi ,* 1733 *, 2 vol. in-12.
v. f.*

382 Verfi Sciolti di tre eccellenti moderni autori ,
con alcune Lettere non piu Stampate. *In Venezia ,
Fenzo ,* 1758 *, in-4. fig. v. f.*

383 Il Cimiterio Epitafii Giocofi di Gio. Fr. Lore-
dano , e di Pietro Michiele. 1645 *, in-12. vel.*

Poëtes Italiens depuis le Dante jusqu'à présent.

384 La Comedia di Dante Aligieri, con la nova
esposizione di Alessandro Vellutello. *In Vinegia,*
Marcolini, 1544, *in-4. fig. mar. r.*

385 Il medesimo Dante con Argomenti, & Dechia-
razione de Molti Luoghi. *In Lione, de Tournes,*
1547, *in-16. l. r. mar. r. edizione bellissima.*

386 La medesima Divina Comedia di Dante,
ridotta a Miglior Lezioni dagli Academici della
Crusca. *In Firenze, Manzani,* 1595, *in-8. mar. r.*
Questa e la piu perfetta Edizione di tutte l'altre fino
a' tempi nostri.

387 La Comédie de Dante, de l'Enfer, du Purga-
toire & Paradis, mise en ryme françoise, & com-
mentée par B. Grangier, *Paris, Drobet,* 1696,
3 *vol. in-12. v. éc.*

387 *bis.* L'Amoroso Convivio di Dante, con la
additione & molti suoi notandi. *In Vinegia, Sessa,*
1531, *in-8. mar. r.*

388 Il Petrarca, con l'esposizione di Bern. Ilicino
sopra li Trionfi, & di Fr. Filelfo sopra li Sonetti
e Canzoni. *In Milano, Ulderico Scinzenzeler,*
1494, *in-fol. mar. r.*

389 Il medesimo Petrarca, con l'esposizione d'A-
lessandro Vellutello. *In Vinegia, Nicolini da Sabio,*
1541, *in-8. impr. sur papier bleu, l. r. mar r.*

390 Il medesimo Petrarcha, con l'esposizione d'A-
lessandro Vellutello. *In Venetia,* 1550, *in 8. v. f.*

391 Il medesimo Petrarcha, con la spositione di
Giov. Andrea Gesvaldo. *In Venetia, Giglio,*
1553, *in 4. mar. bl.*

392 Le Rime del Petrarca brevemente sposte per

Lodov. Caftelveftro. *In Bafilea, Pietro de Seda-
bonis, 1582, , in-4. l. r. mar. citr. edizione Stima-
tiffima, e molto rara.*

393 Toutes les Œuvres vulgaires de Fr. Pétrarque,
par lui compofez en langage Thufcan, & mis
en vers fr. par Vafquin Philieul de Carpentras.
Avignon, Bonhomme, 1555, in-8. l. r. v. f.

394 Le Pétrarque en rime françoife avec fes commentaires, trad. par Phil. de Maldeghem. *Douay,
Fabry, 1606, in-8. mar. r.*

395 Orlando Innamorato nuovamente compofto,
da M. Fr. Berni. *In Venetia, heredi di Giunta,
1541, in-4. mar. bl. rar.*

396 Il medefimo Orlando Innamorato compofto
gia da Matteo Maria Boiardo, & hora rifatto
tutto di nuovo da Fr. Berni. *In Venetia, li heredi di
Giunta, 1545, in-4. v. f. edizione rariffima.*

397 Hiftoire de Roland l'Amoureux, mife en fr.
de l'Italien de Math. Marie Boyard, par Jacq.
Vincent. *Lyon, Rigaud, 1614, in-8. mar. r.*

398 Angelica Inamorata, di M. Vicentio Brufantino.
In Vinegia, Marcolini, 1553, in-8. fig. mar. r. rara.

399 Orlando Furiofo, di M. Lud. Ariofto, con
alcune ftanze di Aluigi Gonzaga & alcune Allegorie. *In Vinegia, Giolito de' Ferrari, 1546, in-4.
fig. l. r. mar. r.*

400 Il medefimo Orlando Furiofo, di Lodovico
Ariofto, con le annotationi di Jer. Rufcelli, la
vita dell' autore defcritta da Giov. Batt. Pigna, le
offervationi di Alberto Lavezuola, &c. adornato
di figure di Rame, da Girol. Porro. *In Venetia,
Fr. de Francefchi, 1584, in-4. mar. bl. l. r. edizione
rariffima.*

401 Il medefimo Orlando Furiofo, di M. Lodo-

vico Ariosto , delle annotazioni de' piu celebri
autori in questa impressione adornato. *In Venezia ,
Orlandini ,* 1730 , *2 vol. in-fol. gr. pap.. mar. bl.
edizione bellissima e rara assai.*

402 Le Roland Furieux, de Loys Arioste, trad.
d'Italien en fr. avec la suite , par Gab. Chappuys.
Lyon , Michel , 1582 , *in-8. fig. v. m.*

403 Roland le Furieux , trad. en franç. par F. de
Rosset. *Paris , Courbé, in-4. fig. v. f.*

404 Roland Furieux, Poëme héroïque de l'Ariofte,
trad. par M. Mirabaud. *La Haye , (Paris , Barois,)*
1741 , *4 vol. in-12. gr. pap. mar. r.*

405 Morgante Maggiore di Luigi Pulci , nuovamente stampato , & corretto per Lodovico Domenichi , con la dichiaratione de i vocaboli , &
luoghi difficili , argomenti & figure. *In Vinegia ,
Scotto ,* 1545 , *in-4. mar. bl. ediz. stimat. & rara.*

406 Il medesimo Morgante , di Luigi Pulci , nuovamente corretto. *In Fiorenza , Sermartelli ,* 1574,
in-4. mar. r.

407 Il medesimo Morgante Maggiore , di Luigi
Pulci. *In Firenze ,* 1732 , *in-4. v. f.*

408 L'Achille & l'Enea di Messer Lodovico Dolce , dove egli tessendo l'historia della Iliade d'Homero , a quella dell' Eneide di Vergilio , ambe-
due l'ha divinamente ridotte in ottava rima , con
argomenti & allegorie. *In Vinegia , Giolito de'
Ferrari* 1571 , *in-4. fig. v. f.*

409 L'Ulliffe di M. Lodovico Dolce, da lui tratto
dall' Odiffea d'Homero , & ridotto in ottava
rima , con argomenti & allegorie. *In Venegia ,
Giolito de' Ferrari ,* 1573 , *in-4. fig. v. f.*

410 De le Lagrime d'Angelica di M. Pietro Aretino

due primi Canti. 1555, in-12 mar. r.

411 Gyrone il cortese di Luigi Alamanni. *In Parigi, Rinaldo Calderio, 1548, in-4. mar. r. dent. edizione ricercata e rara.*

412 La Alamanna di M. Ant. Fr. Oliviero, Vicentino. — Carlo quinto in Olma del Medesimo. *In Venetia, Valgrisi, 1567. 2 vol. in-4. mar. r. fig. assai rara.*

413 L'Amadigi di Bernardo Tasso. *In Vinegia, Giolito de' Ferrari, 1560, in-4. mar. r. edizione rarissima.*

414 La Italia Liberata da Gothi, del Trissino, Stampata con caràcteri Grechi. *In Roma, per Valerio e Luigi Dorici; & in Venetia, per Tolomeo Janiculo, 1547 & 1548, 3 vol. in-12. mar. r.*

415 L'Italia Liberata da Goti, di Gian Giorgio Trissino, riveduta e corretta per l'Abbate Antonini. *Parigi, Cavelier, 1729, 3 vol. in-8. gr. pap. v. f.*

416 La Gierusalemme* Liberata, di Torquato Tasso, con le annotationi di Scipione Gentili e di Giulio Guastavini, & gli argomenti di Orazio Ariosto, adorn. di figure intagliate in rame da Agostino Carracci, Ant. Tempesta, & Bern. Castello. *In Genova, Bartoli, 1590, in-4. mar. r. dent. edizione ricercata & rara.*

417 La medesima Gerusalemme, di Torquato Tasso, figurata da Bernardo Castello, con le suddette annotaz. *In Genova, Pavoni, 1617, in-fol. fig. mar. r.*

418 La medesima Gierusalemme Liberata, di Torquato Tasso. *In Parigi, nella Stamperia Reale, 1644, in-fol. con le fig. di Tempesta. mar. r.*

419 La medefima Gierufalemme liberata, di Torquato Taffo, *con le fig. di Seb. le Clerc. In Amft. nella Stamperia di Elzevier*, 1678, 2 vol. in-16.

420 La medefima Gierufalemme liberata di Torquato Taffo; con le figure di Bernardo Caftelli, e le annotationi di Scipio Gentili e di Giulio Guaftavini. *In Londra, Tonfon*, 1724, 2 vol. in-4. mar. bl.

421 La medefima Gerufalemme liberata, di Torquato Taffo, con le figure di Gian-Batifta Piazzetta. *In Venezia, Albrizzi*, 1745, in fol. mar. r.

422 La medefima Gierufalemme liberata, di Torquato Taffo; con le fig. di Seb. le Clerc. *In Glafgua, Foulis*, 1763, 2 vol. in-8. pap. d'Holl. mar. r.

423 Jerufalem délivrée, Poëme héroïque de Torquato Taffo, trad. par J. Baudoin, avec les fig. de Lafne. *Paris, Guillemot*, 1626, in-8. v. m.

424 Jerufalem délivrée, Poëme héroïque du Taffe, trad. en françois par Fr. Mirabaud. (*Paris, Barois*,) 1735, 2 vol. in-12. m. v.

425 La même Traduction de la Jerufalem délivrée. *Paris, Barois*, 1752, 2 vol. in-12. mar. r.

426 Aminta favola Bofcareccia di Torquato Taffo, con le annotationi d'Egidio Menagio. *In Parigi, Curbé*, 1655, in-4. mar. r.

427 La medefima Aminta di Torquato Taffo. *In Leida, Elzevier*, 1656, in 16. v. f.

428 La medefima Aminta di Torquato Taffo. *In Glafgua, Foulis*, 1755, in-8. pap. d'Holl. m. r. fig.

329 Tutte le rime della Signora Vittoria Colonna, con l'efpofitione di Rinaldo Corfo, date in luce da Girolamo Rufcelli. *In Venetia, Seffa*, 1558, in-8. v. f.

430 Rime di Pietro Bembo. *In Roma, per Valerio*

Dorico, 1548. -- Le Profe di Bembo. *In Fiorenza,* Torrentino, 1548, *in-8. mar. r.*

431 Dell' Hercole di M. Giovan Battifta Giraldi Cinthio canti ventifei. *In Modena, Gadaldini,* 1557, *in-4. mar. r. raro affai.*

432 Arcadia di Jac. Sannazaro. *In Napoli, antica edizione circa ann.* 1475, *in-4. v. f.*

433 Il primo e fecondo libro delle Satire alla Carlona, di Andrea da Bergamo, (Pietro Nelli Sanefe) *In Vinegia, Gherardo,* 1548 & 1565, *in-8. mar. r.*

434 Il Vendemiatore di Luigi Tanfillo, per addietro con improprio nome intitolato ftanze di Coltura fopra gli orti delle donne. —Uliffe il Giovane Tragedia di Domenico Lazzarini. *In Venezia, Baffaglia,* 1743, *in-12. mar. r.*

435 Il Paftor fido di Bat. Guarini. *In Leyda, Giov. Elzevier,* 1659, *in-12. fig. mar. r.*

436 Il medefimo Paftor fido, di Bat. Guarini, con annotationi & figure in rame. *In Venetia, Ciotti,* 1602, *in-4. mar. r.*

437 Il medefimo Paftor fido, e la idropica commedia di Bat. Guarini. *Londra, Chapelle,* 1736, *in-4. fig. mar. c.*

438 Il medefimo Paftor fido. *In Glafgua, Foulis,* 1763, *in-8. fig. pap. d'Hol. mar. r.*

439 Le Berger fidele, trad. de l'Italien de Guarini, en vers françois, avec le texte italien. *Cologne, du Marteau,* 1677, *in-12. fig v. f.*

440 La Secchia rapita, Poema eroicomico di Aleff. Taffoni, con le dichiarazioni di Gafparo Salvini. *In Osford, nel Teatro Sceldoniano,* 1737, 2 *tom. en un vol. in-8. v. f.*

441 La medefima Secchia rapita. Le Seau enlevé,

Poême héroï-comique du Taffoni, trad. en franç.
par Perrault. *Paris, Coignard,* 1678, 2 *vol. in-12.
mar. c.*

442 Lo Scherno de gli Dei, Poema di Bracciolino
dell' api, con l'aggiunta di fei canti, & altre rime
piacevoli dell' isteffo autore. *In Roma, Mafcardi,*
1626, *in-12. mar. r.*

443 L'Endimione, Poema di Giovani Argolo. *In
Terni, Guerrieri,* 1626, *in-4.*

444 Bacco in Tofcana, ditirambo di Fr. Redi, colle
annotazioni accrefciute. *In Firenze, Matini,* 1691,
in-4. mar. r.

445 Sonetti del Signor Francefco Redi. *In
Firenze, nella Stamperia Reale,* 1702, *in-fol.
v. f.*

446 Il Malmantile racquiftato di Perlone Zipoli,
(Lorenzo Lippi,) colle note di Puccio Lamoni
e d'Altri. *In Venezia, Orlandini.* 1748, 2 *vol.
in-4. v. f.*

447 Il medefimo. *In Firenze, Moucke,* 1750, 2 *vol.
in-4. mar. r.*

448 Bertoldo con Bertoldino e Cacafenno in ottava
rima, Poema da Giulio Cezare Crocce, e di Ca-
millo Scaligero, con argomenti, allegorie, annotazioni, e figure in rame. *In Bologna, Lelio della
Volpe,* 1736, *in-4. gr. pap. mar. r.*

449 Ricciardetto di Nicolo Carteromaco. *In Parigi, (In Italia.) Pitteri,* 1738, 2 *vol. in-4. mar.
r. dent.*

450 Richardet, Poëme trad. de l'Italien en vers
françois. *Paris, Lacombe,* 1766, *in-8. v. f.*

451 Opere di Stefano Benedetto Pallavicini. *Venezia, Pafquali,* 1744, 4 *vol. in-8. v. f.*

452 Satire del Cavalier Dotti. *Ginevra*, (*Parigi*) 1757, *in-12. v. f.*

Poëtes dramatiques Italiens.

453 Teatro Italiano ofia fcelta di tragedie per ufo della fcena. *In Verona, Vallarfi*, 1723, 3 *vol. in-8. v. f.*

454 J. Fantafmi, Comedia di Hercole Bentivoglio. *In Vinegia, Giolito de' Ferrari*, 1547, *in-12. v. m.*

455 Libero Arbitrio, Tragedia di Francefco Negro. 1550, *in-8. mar. v. rara.*

456 Calandra, Comedia di Bernardo da Bibiena. *In Fiorenza, Giunti*, 1558, *in-12. mar. bl.*

457 Canace, Tragedia di Sperone Speroni, con il Giudicio fopra la medefima tragedia. *In Venetia*, 1566, *in-12. mar. v. d. de m.*

458 Comedia intitolata fine nomine. *In Fiorenza, Giunti*, 1574. —Opere di Nicolo da Corregia intitulate la Pfyche & la Aurora. *In Venetia, Rufconi*, 1515, *in-8. mar. r.*

459 L'Intereffe, Comedia di Nicolo Secchi. *In Venetia, Ziletti*, 1581. —Gl' Intricati Paftorale di Aluife Pafqualigo. *ibid.* —Il primo libro delle Satire alla Carlona, di Andrea da Bergamo. *In Venegia, de Viano*, 1566, *in-8. mar. bl.*

460 Candelaio, Comedia del Bruno Nolano Achademico di nulla Achademia, detto il faftidito. *In Pariggi, Giuliano.* 1582. *in-16. mar. bl. rara.*

461 Quattro Comedie di Pietro Aretino, cioe il marefcalco, la Cortegiana, la Talanta, l'Hipocrito. *In Vinegia*, 1588. *in-8. mar. r.*

462 Teatro tragico e comico del Marchefe Giufeppe

feppe Gorini Corio. *Venezia, Albrizzi,* 1732,
2 *vol. in-8. v. f.*

463 Tragedie del Cardinale Giovanni Delfino, con
Dialogo sopra di esse. *In Roma, Salvioni,* 1733,
in-4. v. f.

464 Della Rosmunda, Tragedia di Giov. Ruc-
cellai. *Londra, Bennet,* 1737, *in-16. v. f.*

465 Le Tragedie di Saverio Pansuti, il Sejano,
la Sofonisba, la Virginia, il Bruto, l'Orazia. *In
Napoli, nella Stamperia Muziana,* 1742, *in-8.
mar. r.*

466 Poesie drammatiche di Apostolo Zeno. *Venezia,
Pasquali,* 1744, 10 *vol. in-8. gr. pap. v. f.*

467 Poesie del Signor Abate Pietro Metastasio.
Parigi, V. Quillau, 1755, 10 *vol. in-8. pap.*
d'Holl. mar. r.

468 Affetta commedia rusticale di Bartolommeo
Mariscalco. *In Parigi, Prault,* 1756, *in-8. sur*
pap. bleu, mar. r.

469 La medesima Affetta, *ibid.* — Poesie volgari
e latine di Cornelio Castaldi. *In Parigi, Prault,*
1757, *in-8. v. f.*

Poëtes Espagnols, Portugais & Anglois.

470 Théâtre Espagnol, trad. par Duperron de Castera. *Paris, Ve. Pissot,* 1738, *in-12. v. f.*

471 Théâtre Espagnol, par M. Linguet. *Paris,*
De Hansy, 1770, 4 *vol. in-12. v. f.*

472 La Lusiade du Camoens, poëme héroïque,
traduit du Portugais par Duperron de Castera.
Paris, Huart, 1735, 3 *vol. in-12. fig. v. f.*

473 Le Paradis perdu de Milton, poëme héroïque
trad. de l'Anglois, avec les Remarques d'Addisson,

par Dupré de Saint Maur. *Paris, Bordelet, 1753,
4 vol. in-12. mar. v.*

474　Le Paradis perdu de Milton, traduction nouvelle, avec des Notes, &c. par M. Racine. *Paris,
Defaint. 1755, 3 vol. in-8. v. f.*

475　Il Paradiso perduto, poema inglese di Giov.
Milton, tradotto in verso Sciolto da Paolo Rolli,
con le annotazioni sopra tutto il poema di G.
Addisson. *In Parigi, (in Italia.) 1742, in-fol.
fig. v. f.*

MYTHOLOGIE.

476　C. Julii Hygini fabularum liber. *Lugd. Bat.
Gaasbekii, 1670, in-16. v. f.*

477　Le Temple des Muses, orné de LX. tableaux
où sont représentés les événemens les plus remar-
quables de l'Antiquité fabuleuse ; dessinés & gra-
vés par B. Picart, & accompagnés d'explications.
Amsterd. Chatelain, 1742, in-fol. mar. bl.

478　Dictionnaire abrégé de la Fable, par Chompré.
Paris, Defaint, 1749, in-12. v. f.

POESIE PROSAIQUE.

Facéties, Plaisanteries, &c.

479　Les Métamorphoses ou l'Asne d'or de L. Apu-
lée, trad. par J. de Montlyard. *Paris, Thiboust,
1623, in-8. v. f. fig. de Crif. de Pas.*

480　Apulegio volgare, traducto per Mattheo Mario
Boiardo. *Venetia, Vincenze de Polo, 1519, in-8.
fig. mar. r.*

481　Poggii facetiarum liber. *editio per antiqua absq.
loci & anni indicatione sed circa ann. 1470. in-4.
v. f. Vide la Bibliographie instructive.*

482 Facecie di Poggio. *In Venetia, Bindoni*, 1531,
in-12. *fig. v. f.*

483 Les Œuvres de François Rabelais. (*Hollande,
Elzevier.*) 1663, 2 *vol. in-12. mar. bl.*

484 Œuvres de François Rabelais, avec des Remarques historiques & critiques de le Duchat, &
des figures de B. Picart. *Amst. Bernard*, 1741,
3 *vol. in-4. gr. pap. mar. r.*

485 Le Tredeci piacevoli notti di Gio. Fr. Strapa-
rola. *In Vinegia, Farri*, 1569, *in-8.*

486 Les Nuictz facétieuses de J. Fr. Straparole,
trad. d'italien en françois par Pierre de la Rivey.
Paris, l'Angelier, 1585, *in-16. mar. v.*

487 Les Contes & Discours d'Eutrapel, par de la
Herissaye. *Rennes, Glasnet*, 1585, *in-8. v. f.*

488 ....

489. Les Bigarrures & Touches du Seigneur des
Accords, avec les Apophtegmes du sieur Gau-
lard, & les Escraignes Dijonnoises. *Paris, Cotinet*,
1662, *in-12. mar. r.*

490 Nugæ Venales, sive Thesaurus ridendi & jo-
condi, ad gravissimos severissimosq. viros, patres
melancholicorum conscriptos. *Londini*, 1741,
in-16. mar. c.

491 Laus Asini, tertia parte auctior. *Lugd. Bat. ex
officinâ Elzevirianâ*, 1629, *in-24. mar. r.*

492 Les Etrennes de la Saint Jean. *Troyes, (Paris,)*
in-12. mar. v. 1re *io s. table*

493 Les Etrennes de la Saint Jean. *Troyes, Veuve
Oudot, (Paris,)* 1742, *in-12. gr. pap. mar. bl.*

494 Mémoires de l'Académie des Sciences, Inscrip-
tions, Belles-Lettres, &c. établie à Troyes, (par
M. Grosley.) *Liége, Barnabé*, 1744, *in-8.
mar. r.*

495 Les Manteaux, Recueil. *La Haye,* (*Paris*) 1746, *in-8. mar. c. gr. papier.*

496 Mondi celesti, terrestri & infernali, de gli Academici Pellegrini: composti dal Doni; mondo piccolo, grande, misto, risibile, imaginato, de Pazzi, & Massimo, inferno de gli scolari, de Malmaritati, delle Puttane, & Ruffiani, &c. *In Vinegia, Giolito de' Ferrari,* 1562, *in-8.*

Contes & Nouvelles.

497 Il Decamerone di M. Giovanni Boccaccio, nuovamente corretto, con tre novelle aggiunte. *In Vinegia, Aldo,* 1522, *in-8. mar. bl. Edizione rarissima.*

498 Il medesimo Decamerone di Boccaccio, con le annotazioni tratte della prose di Bembo. *In Lione, Rovillio,* 1555. *in-16. mar. c. édizione rara assai.*

499 Il medesimo Decamerone di M. Giovanni Boccaccio nuovam. corretto e con diligentia stampato. *In Firenze per li heredi di Phil. di Giunta,* 1527. *(Venetia.) in-4. v. f.*

500 Il medesimo Decameron di Giovanni Boccaccio, publicato da P. Rolli. *(Londra,)* 1527. (1725) *in-4. v. f.*

501 Il medesimo Decameron di Giov. Boccaccio, publicato da Paolo Rolli. *In Londra,* 1725. *in-4. c. m. mar. bl.*

502 Il medesimo Decamerone di M. Giovanni Boccaccio. *Londra,* (*Parigi, Quillau*) 1757, 5 *vol. in-8. fig. pap. d'Holl. br.*

503 Le Decameron de J. Bocace, trad. en françois

par Ant. le Maçon. *Paris, Micard, 1572, 2*
vol. in-16 l. r. mar. r. doublé de mar.

504 Le Decameron de J. Boccace, trad. en fr.
par Ant. le Maçon. *Londres, (Paris, Quillau,)*
5 vol. in-8. fig. pap. d'Holl. br.

505 Novelle del Bandello. *Il Londra, Harding,*
1740, 4 vol. in-4. gr. pap. l. r. mar. bl.

506 L'Heptameron des Nouvelles de Marguerite de
Valois, Royne de Navarre, remis en son vrai
ordre par Cl. Gruget. *Paris, Gilles, 1560. in-4.*
l. r. mar. c. d. de mar.

507 Les cent Nouvelles Nouvelles, avec les fig.
de Romain de Hooge. *Cologne, Gaillard, 1701,*
2 vol. in-8. mar. bl.

508 Le Printemps d'Yver, contenant cinq Histoires discourues par cinq journées, par Jacq.
Yver. *Anvers, Silvius, 1575, in-16. mar. r.*

Romans d'Amour, Moraux, Satyriques.

509 De l'usage des Romans, avec un Bibliothéque
des Romans, accompagnée de Remarques critiques, & l'Histoire justifiée contre les Romans,
par Gordon de Percel, (l'Abbé Lenglet du
Fresnoy. *Amst. (Paris) 1734, 3 vol. in-12. m. c.*

510 Les Amours pastorales de Daphnis & Chloé,
trad. du grec de Longus, par Jacq. Amyot, avec
les figures gravées d'après le Duc d'Orléans, par
B. Audran. *Paris, 1718, in-8. mar. r.*

511 Les mêmes Amours de Daphnis & Chloé.
(Paris) 1731, in-8. l. r. fig. mar. r.

512 L'Histoire Æthiopique de Heliodorus, traitant
des loyales & pudiques Amours de Theagenes &
Chariclea, trad. en fr. *Paris, Sertenas, 1549.*
in-8. m. r.

513 Les mêmes Amours de Theagêne & Chariclée, hiſtoire Ethiopique d'Heliodore, trad. en fr. par J. Amyot. *Paris, Thibouſt,* 1623, *in-8. mar. r. l. r. figures de Laſne.*

514 Hiſtoria di Heliodoro delle coſe Ethiopiche; tradotta dalla lingua greca nella Toſcana da Leonardo Ghini. *In Venegia, Giólito de' Ferrari,* 1560, *in-8. mar. bl.*

515 Les Amours d'Iſmen & d'Iſmenias, trad. du grec d'Euſtathius, par de Beauchamps. *La Haye,* (*Paris*) *Couſtelier,* 1743, *in-8. fig. mar. c.*

516 Gli Amori d'Iſmenio, compoſti per Euſtathio, & di greco tradotti per Lelio Carani. *In Venetia, Guerra,* 1560, *in-8. mar. bl.*

517 Les affections de divers Amans, faictes & raſſemblées par Parthenius de Nicée, trad. du grec en françois. *Paris, Couſtelier,* 1743, *in-8. m. r.*

518 Fr. Florii, Florentini, liber de Amore Camilli & Emilie aretinorum ; accedit libellus de duobus amantibus per Leonardum Aretini in latinum ex Boccacio transfiguratus. *Turonis, in domo Archiepiſcopi, ann.* 1467, *in-4. mar. bl. rarus.*

519 La plaiſante Hiſtoire des Amours de Floriſée & Clares, & de la peu fortunée Yſea, trad. du Caſtillan en fr. par Jacques-Vincent de Creſt Arnault. *Paris, Kerver,* 1554, *in-8. v. f.*

520 Delle fortune d'Eroſmando e Floridalba; hiſtoria del Co. Proſpero Bonarelli della Rovere. *In Bologna, Tebaldini,* 1642, *in 4. v. f.*

521 La Princeſſe de Cleves, par Madame de la Fayette, le Duc de la Rochefoucauld & Segrais, *Paris, Barbin,* 1689, 2 *vol. in-12. mar. c.*

522 Lettres à Madame la Marquiſe ***. ſur le ſujet de la Princeſſe de Cleves, (par J. B. Henry

du Trouffet de Valincour,) *Paris, Cramoifi, 1678.
in-12. mar. c.*

523 Les Illuftres Françoifes, Hiftoires véritables.
Amft. Rey, 1750, 4 tom. en 2 vol. in-12. fig. v. f.

524 Hiftoire du Chevalier des Grieux & de Manon
Lefcaut, par l'Abbé Prevôt. *Amft. (Paris) 1753,
2 vol. in-12. pap. f. fig. mar r.*

525 Le Temple de Gnide, par le Préfident de Mon-
tefquieu. *Londres, (Paris) mar. v. fig.* ———
Silvie, par M. Watelet. *Londres, (Paris) 1743.
fig.* —Les conftantes Amours d'Alix & d'Alexis,
Romance. *Paris, 1739. in-8.*

526 Hiftoire amoureufe de Pierre le Long & de fa
très - honorée Dame Blanche Bazu. *Londres,
(Paris) 1765, in-12. pap. d'Holl. v. f.*

527 Lettres d'une Peruvienne, traduites du franç. de
Madame de Graphigny, en italien par M. Deodati,
Paris, Prault, 1759, 2 vol. in-12. v f.

528 Tom Jones ou l'Enfant trouvé, imitation de
l'Anglois de Fielding, par M. De la Place. *Paris,
Bauche, 1767, 4 vol. in-12. fig. gr. pap. v. f.*

529 Jo. Barclaii Satyricon, cum notis & clavi.
Lugd. Bat. Hackius, 1674, in-8. mar. r. d. de m.

530 Les Aventures de Télémaque, par Fr. de
Salignac de la Mothe-Fenelon. *Paris, Eftienne,
1717, 2 vol. in-12. fig. mar. r.*

531 Les mêmes Aventures de Télémaque. *Amft.
Wetftein, 1734, in-fol. fig. mar. r.*

532 Les mêmes Aventures de Télémaque. *Londres,
Dodfley, 1738. 2 vol. in-8. pap. d'Holl. mar. r.*

533 Le Avventure di Telemaco, compofte da Fr.
de Salignac della Mothe Fenelon. *In Parigi,
Molini, 1767, 2 vol. in-12. v. f.*

534 Hiftoire de Gil Blas de Santillane, par le
D iv

Sage. *Paris , Prault , 1747 , 4 vol. in-12. fig. v. f.* 8ᵗ ſ. J.

535 Contes Moraux , par M. Marmontel. *Paris , Merlin, 1765, 3 vol. in-8. fig. mar. r.*

536 Julie, ou la nouvelle Héloïſe , par J. J. Rouſſeau. *Amſt. Rey, 1761, 6 part. en 3 vol. in-12. fig. v. f.* 9ᵗ ſ. J.

537 La Philena , di Nicolo Franco, hiſtoria amoroſa. *In Mantoua, Ruffinelli, 1547, in-8. v. f.*

538 La Camilletta , di Gutterry Clugniceſe. *In Parigi , Giuliano, 1586, in-12.* 1ᵗ ſ. Table

539 Le Roman Satyrique de Jean de Lannel. *Paris , du Bray, 1624, in-8. mar. r.* 3ᵗ ſ J

540 Mirza & Fatmé , Conte Indien. *La Haye, (Paris,) 1754, in-12. v. f.* 2ᵗ ſ. t

541 Nouvelle Ecole publique des Finances , ou l'Art de voler ſans aîles. *Cologne , 1708.*—Les Partiſans demaſquez. *Ibid. 1709 , in-16. mar. bl.*

Romans Hiſtoriques.

542 Mémoires de la Vie du Comte de Grammont, par Ant. Hamilton. *Cologne , Marteau , 1714, in-12. mar. r.*

543 Mémoires du Marquis de Montbrun. *Amſt. Chevalier, 1701, in-16. fig. v. f.*

544 Le Siége de Calais , nouvelle hiſtorique , par Madame Tencin. *La Haye, (Paris,) 1739 , 2 vol. in-12. v. f.* 3ᵗ ſ. J.

Romans de Chevalerie.

544 *bis.* La deviſe des armes des Chevaliers de la Table ronde , leſquels eſtoyent du tems du Roi

Artus. *Lyon , Rigaud ,* 1590, *in-*16. *mar. c.*

545 La Vita de Merlino & de le fue prophetie, hiftoria de che lui fece, le quale tractano de le cofe che hano avenire, tranflatata de lingua franceffe in lingua Italiana, di M. Zorzi. *In Florentia ,* 1495, *in·*4. *fig. mar. bl. rariffimo.*

546 Hiftoire du noble & vaillant Chevalier Regnault de Montauban. *in-fol. mar. r. goth.* , *fans indication de lieu & fans date , édition rare.*

547 Le Roman du vaillant Chevalier Thefeus de Coulongne , par fa proeffe Empereur de Rome ; & auffi de fon fils Gadifer, Empereur de Grece ; pareillement des trois enfans de Gadifer, Regnault , Regnier & Regneffon, trad. de rime Picarde en profe fr. *Paris , Bonfons , in-*4. *goth. v. f.*

548 L'Hiftoire & cronicque du Petit Jehan de Saintré & de la Jeune Dame des belles Coufines, fans aultre nom nommer, avecques l'Hiftoire de Floridan & la belle Ellinde , (par Ant. de la Salle). *Paris, J. Trepperel , in-*4. *goth. mar. r. le titre eft fait à la main.*

549 Gyron le Courtois, avec la devife des Armes de tous les Chevaliers de la Table ronde. *Paris , le Noir ,* 1514, *in-*4. *goth. v. f.*

550 Cronique & hiftoire faicte & compofée par Turpin, Archevefque de Reims, contenante les proueffes & faictz d'armes advenuz en fon temps du Roi Charles le Grant, de fon nepveu Raouland , tranflatée du latin en fr. par Robert Gaguin. *Paris, Chauldiere ,* 1527, *in-*4. *v. f.*

551 Le Roman de Lancelot du Lac , Chevalier de la Table ronde, tranflaté du latin en fr. par Robert de Borron. *Paris, J. Petit ,* 1533, 3 *vol. in-fol.*

552 Primaleone, nel quale fi narra a pieno l'hiftoria
de fuoi valorofi fatti, & di Polendo fuo fratello,
tradotto della lingua Spagnuola nella Italiana.
In Vinegia, Tramezzino, 1548, *in-8. v. f.*

553 Hiftoire de Palmerin d'Olive, filz du Roy
Florendos de Macedone & de la belle Griane,
trad. du Caftillan en françoys & mis en lumiere
par J. Maugin. *Paris, Groulleau,* 1553, *in-fol.*
mar. r. 12ᵉ *f. t.*

554 Hiftoire du noble & preulx vaillant Chevalier
Guillaume de Palerne & de la belle Melroz;
lequel Guil. de Palerne fut fils du Roy de Ce-
cile, & par fortune & merveilleufe adventure
devint vacher, & finablement fut Empereur de
Romme fous la conduicte d'un Loup-Garoux,
filz au Roy d'Efpaigne. *Lyon, Arnoullet,* 1552,
in-4. v. f. il y a deux feuillets écrits à la main.

555 Le premier livre du nouveau Triftan Prince
de Leonnois, Chevalier de la Table ronde, &
d'Yfevlte Princeffe d'Yrlande, fait françoys, par
J. Maugin, dit l'Angevin. *Paris, de la Porte,*
1554, *in-fol. v. m.* 6ᵉ *f. J.*

556 Il Cavallier Flortir, la hiftoria dove fi ragiona
de i valorofi, & gran gefti, & amori del Cavallier
Flortir. *In Venetia, Tramezzino,* 1565, *in-8. vel.*

557 La plaifante & delectable Hiftoire de Gerileon
d'Angleterre, contenant fes haults faicts d'armes,
& chevaleureufes proueffes, avec les amours
d'icelui, mis en françois par Etienne de Maifon-
neufve. *Paris, Borel,* 1572, *in-8. v. f.*

558 La même hiftoire de Gerileon d'Angleterre,
mife en fr. par Eft. de Maifonneuve. *Paris, Borel,*
1572, *in-12. v. m.*

559 Hiftoire du très-vaillant & redouté Dom Flo-

res de Grece, furnommé le Chevalier des Cignes,
fecond fils d'Efplandian, mife en fr. par Nic.
des Effars de Herberay. *Paris, Robinot,* 1573,
in-8. *mar. bl.*

560 Hiftoire des hauts & chevaleureux faicts d'armes de Meliadus, dit le Chevalier de la Croix,
fils unique de Maximian Empereur, le tout mis
en fr. par le Chevalier du Clergé. *Paris, Bonfons,*
1584, *in-4. v. f.*

561 Hiftoire des merveilleux faicts du preux &
vaillant Chevalier Artus de Bretagne, & des
grandes adventures où il s'eft trouvé en fon temps.
Paris, Bonfons, 1584, *in-4. mar. r.*

562 Hiftoire pitoyable du Prince Eraftus, fils de
Dioclétian, Empereur de Rome, trad. d'Italien
en fr. *Paris, Breyel,* 1587, *in-16. mar. bl.*

563 Lifvarte di Grecia figlivolo dello Imperatore
Splandiano, di nuovo tradotto dalla lingua Spa-
gnoula nella Italiana. *In Venetia, Spineda,* 1630,
3 *vol. in-8. v. f.*

564 Hiftoire du vaillant Chevalier Tirant le Blanc,
trad. de l'Efpagnol, par le Comte de Caylus.
Londres, (Paris,) 2 *vol. in-8. mar. bl.*

565 Hiftoire de l'admirable Don Quichotte de la
Manche, trad. de l'Efpagnol de Mich. de Cer-
vantes, par Filleul de S. Martin. *Paris, Barbin,*
1678, 4 *vol. in-12. mar. r.*

566 Hiftoire de l'admirable Don Quichotte de la
Manche, trad. de l'Efpagnol de Michel de Cer-
vantes, par Filleul de S. Martin. *Paris, Piget,*
1741, 6 *vol. in-12. mar. r. L'on a mis dans cet
exemplaire les jolies figures gravées en Hollande par
Folkema.*

Contes de Fées.

567 Hiſtoires & Contes du tems paſſé, avec des
moralités, par Perrault. *La Haye, (Paris),
Couſtellier,)* 1742, *in-12. fig. mar. r.*

568 Le Belier, Conte, par Ant. Hamilton. *Paris,
Joſſe,* 1730, *in-12. mar. r.*

569 Hiſtoire de Fleur d'Epine, Conte, par Ant.
Hamilton. *Paris, Joſſe,* 1730, *in-12. mar. r.*

570 Les quatre Facardins, Conte, par Ant. Hamilton. *Paris,* 1730, *in-12. mar. r.*

571 . . . .
. . . .
. . . .

572 Novella d'Accagio e di Zirfille tradotta dal
franceſe, di M. Duclos. *In Minuzia,* 1744,
in-12. fig. mar. c.

PHILOLOGIE.

Critique.

573 De la maniere d'enſeigner & d'étudier les
Belles-Lettres, par rapport à l'eſprit & au cœur,
par Ch. Rollin. *Paris, Vᵉ. Etienne,* 1740, *2 vol.
in-4. gr. pap. mar. r.*

574 La Maniere de bien penſer dans les ouvrages
d'Eſprit, Dialogues, par le P. Domin. Bouhours.
Paris, Cramoiſy, 1688, *in-12. mar. r.*

575 Réflexions critiques ſur la Poëſie & ſur la Peinture, par l'Abbé du Bos. *Paris, Mariette,* 1740,
3 vol. in-12. mar. r. 9ᵉ ſ. T.

576 Obſervations critiques ſur la nouv. traduction

en Vers fr. des Géorgiques de Virgile, & sur les
Poëmes des Saisons, de la Déclamation, & de
la Peinture, par M. Clément. *Genêve, (Paris, le
Jay.)* 1771, *in-8. br.*

Satyres, Invectives, Défenses, Apologies.

577 Petronii Arbitri Satyricon, ejusdemq. fragmenta, cum notis J. Bourdelotii & Glossario Petro-
niano. *Lugd. Bat. Livius, 1645, in-16. mar. bl.*

578 T. Petronii Arbitri Satyricon, cum fragmento
Tragurii reperto : accedunt diversorum Poëtarum
lusus in Priapum, Pervigilium Veneris, Ausonii
cento nuptialis, Cupido crucifixus, Epistolæ de
Cleopatra, &c. cum notis variorum, concinnante
Mich. Hadrianide. *Amst. Blaeu, 1669, in-8. l. r.
mar. d. d. mar.*

579 Titi Petronii Arbitri Satyricon : Jo. Boschius
castigavit & notas adjecit. *Amst. Gaesbequius, 1677,
in-32. l. r. mar. bl.*

580 Petrone, latin & françois, traduction entiere
suivant le Msc. trouvé à Bellegrade, par Nodot,
1694, 2 *vol. in-8. gr. pap. fig. v. f.*

581 Satyre de Pétrone, par M. de Boispreaux, (des
Jardins.) *La Haye, (Paris, Piget,)* 1742, 2 *tom.*
en un vol. *in-8. v. f.*

582 L'Eloge de la Folie d'Erasme, avec quelques
notes de Listrius, & les figures de Holben, trad.
par de Gueudeville. *Leyde, Vander Aa,* 1715,
in-12. v. f.

583 L'Éloge de la Folie, trad. du latin d'Erasme,
par de Gueudeville, nouv. édit. revue & corrigée,

avec des notes. (*Paris*,) 1751, *in*-4. *fig. tir. en rouge, mar. r. dent.*

584 La Taliclea di Ferrante Pallavicino. *In Amſt. Boccafranca*, 1657, *in*-24. *mar. r.*

585 Apologie pour Hérodote, ou Traité de la conformité des merveilles anciennes avec les modernes, par H. Eſtienne, augmentée des remarques de le Duchat. *La Haye, Scheurleher*, 1735, 3 *vol. in*-8. *mar. bl.*

Diſſertations ſingulieres, philoſophiques, critiques, Allégoriques & enjouées.

586 Le Chef d'œuvre d'un Inconnu, Poëme heureuſement découvert & mis au jour, avec des remarques ſavantes par le Docteur Chriſoſtome Matanaſius, (Themiſeul de S. Hyacinthe). *La Haye, Huſſon*, 1744, 2 *tom. en un vol. in*-8. *mar. r.*

587 Dictionnaire Neologique à l'uſage des Beaux Eſprits du ſiécle, avec l'Eloge hiſtorique de Pantalon-Phœbus, (par l'Abbé des Fontaines). *Amſt. Merkus*, 1750, *in*-8. *mar. r.*

388 Eſſais ſur la néceſſité & ſur les moyens de plaire, (par Paradis de Mongrif). *Paris, Prault, pap. d'Holl.* 1738, *in*-8. *v. f.*

589 Recueil des Faceties Pariſiennes, par M. de Voltaire; *in*-8. *v. f.*

590 Gli Aſolani di Pietro Bembo. *In Florentia, Giunta* 1515. — Arcadia del Sannazaro, *ibid.* 1514, *in*-8. *mar. r.*

591 De' Ragguagli di Parnaſſo di Trajano Boccalini. *In Amſt. Blaeu*, 1669, 2 *vol. in*-12. *v. f.*

Gnomiques , ou Sentences , Apophtegmes , Adages , Bons - Mots.

592 Penſées ingénieuſes des anciens & des mo- 5 10
dernes, par le P. Bouhours. *Paris, Delaulne,*
1698 , *in-12. mar. r.*

393 Parrhaſiana , ou penſées diverſes ſur des ma-
tieres de critique , d'hiſtoire , de morale & de po- 6 1
litique , par Theod. Parrhaſe , (J. le Clerc).
Amſt. Schelte, 1699 , 2 *vol. in-12. v. f.*

Hieroglyphes , ou Emblêmes , Deviſes & Symboles.

594 Simbola Roman. Pontificum , Imperar. Regum
&c. per Octavium Strada , *M. S. avec les Deviſes* 42
faites à la plume , in-4. mar. bl.

POLIGRAPHIE.

Poligraphes Grecs & Latins.

595 Luciani opuſcula, Eraſmo interprete. *Venetiis,* 16
Aldus , 1516 , *in-12. mar. r. Cum litt. init. auro*
depictis.

596 Lucien de la traduction de N. Perrot d'A- 2 2
blancourt. *Amſt. Mortier ,* 1709 , 2 *vol. in-8.*
fig. v. ec.

597 Petri Bembi Opera , ab Auguſtino Curione
collecta & emendata. *Baſileæ , Guarinus , 3 tom.* 4
en 2 *vol. in-8. v. f.*

Poligraphes François, Italiens, &c.

598 Les Essais de Michel de Montaigne, avec des Remarques par P. Coste. *Londres, Tonson,* 1724, 3 vol. in-4. gr. pap. mar. r.

599 Les Œuvres de Voiture. *Paris, Jolly,* 1665, in-12. l. r. mar. à comp. d. de mar.

600 Les mêmes Œuvres de Voiture. *Paris, Mauger,* 1686, 2 vol. in-12. l. r. mar. r.

601 Œuvres diverses de Cyrano de Bergerac. *Amst. Paris,* 1699, 2 vol. in-12.

602 Œuvres mêlées de Charles de Saint-Denis, Seigneur de Saint Evremond. *Londres, Tonson,* 1709, 3 vol. in-4. mar. bl.

603 Œuvres de Chapelle & de Bachaumont. *Paris, Quillau,* 1755, in-12. pap. d'Holl. mar. r.

604 Recueil de piéces choisies, tant en prose qu'en vers, donné par de la Monnoye. *La Haye, Gosse,* 1714, 2 vol. in-8. mar. v.

605 Œuvres de l'Abbé de Saint-Réal. *Amst. l'Honoré,* 1740, 6 vol. in-12. fig. mar. r.

606 Essais sur les mécontentemens populaires, sur la santé & la longue vie, & défense de l'Essai sur le savoir des Anciens & des Modernes, par le Chevalier Temple. *Amst. l'Honoré,* 1744, in-12. mar. r.

607 Œuvres diverses de Bernard le Bovier de Fontenelle, nouv. édition augmentée & enrichie de de figures de B. Picart. *La Haye, Gosse,* 1728, 3 vol. in-fol. v. f.

608 Les Œuvres d'Ant. Houdard de la Motte. *Paris, Prault,* 1754, 11 vol. in-12. gr. pap. mar. r.

609

609 Mélanges de Littérature, d'Histoire & de Philosophie, par M. d'Alembert. *Amst. Lyon*, 1759 & 1767, 5 vol. in-12. v. f.

610 Tutte le Opere di Nicolo Machiavelli. (*Firenze*), 1550, 2 vol. in-4. mar. r.

611 Le medesime Opere di Nic. Machiavelli. *Londra*, 1747, 2 vol. in-4. mar. r.

612 L'Asino d'Oro, di Nic. Machiavelli, con tutte l'altre sue operette. in-4. v. f.

613 Prose di M. Agnolo Firenzvola.—Ragionamenti del medesimo. *In Fiorenza, Bern. di Giunta*, 1548, in-8. mar. r.

614 Prose di M. Agnolo Firenzvola, Fiorentino. *In Fiorenza, Torrentinus*, 1552, in-8. mar. r.

615 Mescolanze d'Egidio Menagio. *In Parigi, Billaine*, 1678, in-8.

616 Opere varie del Conte Fr. Algarotti. *In Venezia Pasquali*, 1757, 2 vol. in-12. v. f.

617 Œuvres diverses de J. Locke. *Amst. Bernard*, 1732, 2 vol. in-12. mar. c.

Dialogues.

618 Des. Erasmi Colloquia. *Lugd. Bat. ex officina Elzeviriana*, 1643, in-12 mar bl.

619 Cymbalum mundi, ou Dialogues satyriques sur différens sujets, par Bonaventure des Perriers. *Amst. Marchand*, 1711, in-12. fig. mar. r.

620 Cinq Dialogues faits à l'imitation des Anciens, par Oratius Tubero, (la Motte le Vayer). *Francfort (Trevoux)*, 1716, 2 vol. in-12. v. f.

621 Les Entretiens d'Ariste & d'Eugene, par le P. Domin. Bouhours. *Paris, Cramoisy*, 1691, in-1. mar. r.

E

622 Dialogi Piacevoli di M. Nicolo Franco. *In Vinegia, Giolito de' Ferrari*, 1554, in-16 *mar. c.*

623 Dialoghi di Lodovico Domenichi, cioè d'Amore, de' rimedi d'Amore, della fortuna, &c. *In Vinegia, Giolito de' Ferrari*, 1562, in-8. *v. éc.*

Epistolaires.

624 C. Plinii Cœcilii Secundi Epistolæ & Panegyricus. *Lugd. Bat. ex officina Elziviriana*, 1640, in-12. *mar. r.*

625 Eædem Plinii Epistolæ & Panegyricus, ex recensione & cum notis Jo. Nic. Lallemand. *Parisiis, Desaint*, 1749, in-12. *pap. d'Holl. mar. r.*

626 Eadem Plinii Cœcilii Secundi Opera. *Glasguæ, Foulis*, 1751, in-4. *pap. d'Holl. mar. r.*

627 Roberti Gaguini Epistolæ, orationes & Epigrammata. *Parisiis, Durandus Gerlerus*, 1498, in-4. *mar. r.*

628 Pauli Manutii Epistolarum libri IV. *Venetiis, Aldus*, 1560, in-8. *t. r. mar. bl.*

629 Lettres de Marie de Rabutin Chantal, Marquise de Sevigné. *Paris, Desprez*, 1754, 9 vol. in-12. *v. f.*

630 Lettres Persannes, par M. de Montesquieu. *Cologne, Marteau*, 1721, 2 vol. in-12. *mar. r.*

631 Lettres Juives, par le Marquis d'Argens. *La Haye, Paupie*, 1742, 6 vol. in-12. *v. f.*

632 Lettres sur les Anglois & les François, & sur les Voyages, (par Muralt). (*Paris,*) 1725, in-8.

633 Lettres de M. l'Abbé le Blanc. *Lyon, de la Roche*, 1758, 3 vol. in-8. *v. f.*

634 Piſtolotti Amoroſi de Magnifici Sig. Academici Pellegrini. *In Vinegia, Marcolini,* 1554,
in-8. v. f.

635 Lettere familiari del Commendatore Annibal
Caro. *In Venetia, Giunti,* 1581, 2 tom. en un
vol. in-4. mar. c.

636 Lettres du Cardinal Bentivoglio, trad. en fr.
avec l'Italien à côté, par de Veneroni. *Bruxelles,*
1722, *in-12. mar. v.*

HISTOIRE.

Introduction à l'Hiſtoire.

637 MEthode pour étudier l'Hiſtoire, avec un
Catalogue des principaux Hiſtoriens, & des remarques ſur la bonté de leurs ouvrages & ſur le
choix des meilleures Editions, par l'Abbé Lenglet
du Freſnoy. —Supplément à la Méthode, par le
même. *Paris, Gandouin,* 1729 & 1741, 6 tom.
rel. en 5 vol. *in-4. gr. pap. v. f.*

638 Traité des différentes ſortes de preuves qui
ſervent à établir l'Hiſtoire, par le P. Henri Griffet.
Liége, Baſſompiere, 1769, *in-12 v. f.*

GEOGRAPHIE.

639 Le grand Dictionnaire géographique & critique
par Bruzen de la Martiniere. *La Haye, Goſſe,*
1726, 10 vol. *in-fol. v. f.*

640 Dictionnaire géographique portatif, traduit de
l'Anglois de Laurent Echard, par Voſgien. *Paris,*
Didot, 1747, *in-8. mar. r.*

641 Tablettes géographiques, ou Introduction nouvelle à la Géographie, avec un Dictionnaire géographique, *manuf. in 8. mar. r.*

642 Les Rivieres de France, par Coulon. *Paris, Cloufier, 1644, 2 vol. in-8. mar. bl.*

643 Defcription géographique & hiftorique de la Morée, par Coronelli. *Paris, Barbin, 1686, in-8. fig. v. f.*

644 Atlas univerfel par M. Robert, & Robert de Vaugondy. *Paris, Boudet, 1757, in-fol. v. m. pap. fort.*

645 Les Plans & Profils des principales Villes & Lieux confidérables de la Catalogne, par le Chevalier de Beaulieu. *in-4. obl. v. f.*

646 Théâtre de la Guerre en Italie. *Paris, Julien, in-4. v. f.*

VOYAGES.

647 Voyages autour du Monde, par George Anfon, tiré des Journaux & autres papiers de ce Seigneur, & publié par Richard Walter, trad. de l'Anglois. *Amft. Merkus, 1749, in-4. fig. mar. r.*

648 Voyage d'Italie de Maxim. Miffon. *La Haye, Van Bulderen, 1698, 3 vol. in-12. fig. l. r. m. v.*

649 Voyages faits en Mofcovie, Tartarie, Perfe, & aux Indes Orientales, par les fieurs Olearius & Mandeflo, trad par Wicquefort. *Amft. Le Cene, 1727, 4 tom. en 2 vol. in-fol. fig. v. f.*

650 Les Voyages de Jean Struys en Mofcovie, en Tartarie, en Perfe, aux Indes, &c. avec la relation d'un Naufrage, dont les fuites ont produit des effets extraordinaires, par Glanius. *Amft. Van Meurs, 1681, in-4. fig. v. f.*

651 Voyages faits en Afie dans les XII, XIII.

XIV & XV siécles , accompagnés de l'Histoire des Sarasins & des Tartares, par P. Bergeron. *La Haye, Néaulme,* 1735, 2 *tom. en* 1 *vol. in-*4. *fig. v. f.*

652 Relation d'un Voyage du Levant, fait par ordre du Roi , par Pitton de Tournefort. *Paris, de l'Impr. Royale,* 1717, 2 *vol. in-*4. *fig.* 33

653 Les six Voyages de J. B. Tavernier en Turquie, en Perse & aux Indes. *Amst.* 1679, 3 *vol. in-*8. *fig. vel.* 21

654 Voyages du Chevalier Chardin , en Perse & autres lieux de l'Orient. *Amst. Compagnie,* 1735, 4 *vol. in-*4. *fig. v. f.* 54

655 Voyages du Baron de la Hontan , dans l'Amérique Septentrionale. *La Haye,* (*Rouen*) 1704, 3 *vol. in-*12. *fig.* 8

656 Voyage de la Baye de Hudson, fait en 1746 & 1747, pour la découverte du passage de Nord-Ouest, trad. de l'Anglois de Henri Ellis. *Paris, Ballard,* 1749, 2 *vol. in-*12. *fig. v. ecc.* 6 10

657 Relation du Voyage de la Mer du Sud, aux Côtes du Chily & du Perou , par Frezier. *Paris, Nyon,* 1716, *in-*4. *fig. v. f.* 5

658 Relation abrégée d'un Voyage fait dans l'intérieur de l'Amérique méridionale, par M. de la Condamine. *Paris, veuve Pissot,* 1745, *in-*8. *v. f.* 11

659 Voyage historique de l'Amérique méridionale, fait par ordre du Roi d'Espagne , par D. George Juan & D. Antoine de Ulloa, avec l'Histoire des Yncas du Perou. *Amst. Merkus,* 1752, 2 *vol. in-*4. *fig. v. f.* 36 10

660 La Vie & les Avantures surprenantes de Robinson Crusoe, trad. de l'Anglois. *Amst. Chatelain,* 1727, 3 *vol. in-*12. *fig. v. f.* 20

661 Voyages & Avantures de J. Maſſé, par (Mau-
villon.) *Cologne, 1710, in-12. mar. r.*

HISTOIRE UNIVERSELLE.

662 Juſtini hiſtoriarum ex Trogo Pompeio libri
XLIV. cum notis Is. Voſſii. *Lugd. Bat. ex officina
Elzeviriana, 1640, in-12. mar. r.*

663 Diſcours ſur l'Hiſtoire univerſelle, par Jacq.
Benigne Boſſuet. *Paris, Cramoiſi, 1681, in-4.
gr. pap. mar. r.*

664 Le même Diſcours ſur l'Hiſtoire univerſelle,
par J. B. Boſſuet. *Paris, Cramoiſy, 1682, 2 vol.
in-12. mar. r.*

665 Introduction à l'Hiſtoire générale & politique
de l'Univers, par le Baron de Puffendorf, con-
tinué juſqu'à 1743 par Bruzen de la Martiniere.
Amſt. Chatelain, 1743, 11 vol. in-12. v. f.

666 Hiſtoire des Guerres & des Négociations qui
précéderent le Traité de Weſtphalie, par le P.
Bougeant. *Paris, Mariette, 1737, 3 vol. in-4.
grand pap. mar. r.*

HISTOIRE ECCLÉSIASTIQUE.

*Hiſtoire Eccléſiaſtique de l'ancien & du nouveau
Teſtament.*

667 Sulpicii Severi Opera omnia, cum Comment.
varior. accurante Georg. Hornio. *Amſt. apud
Elzevirios, 1665. in-8. l. r. mar. bl. d. de m.*

668 Ejuſdem Sulpicii Severi opera omnia quæ
extant. *Lugd. Bat. ex officinâ Elzevirianâ, 1643,
in-12. mar. citr.*

669 Histoire critique de la créance & des Coutumes des Nations du Levant, par de Moni, (Rich. Simon.) Francfort, (Holl.) 1684, in-12. *v. f.*

Histoire des Conciles, des Papes, &c.

670 Historia del Concilio Tridentino, nella quale si scoprono tuttigl'artificii della corte di Roma, per impedire che ne' la verita di dogmi si palesasse, ne la riforma del Papato, & della Chiesa si trattasse, di Pietro Soave Polano, (il P. Paolo) publicata da Antonio de Dominis. *In Londra, Billio, 1619, in-fol. mar. c. édit. rara.*

671 Histoire des Papes, depuis S. Pierre jusqu'à Benoît XIII, par Brueys. *La Haye, Scheurleer, 1732, 5 vol. in-4. v. f.*

672 Cronica delle vite de Pontefici & Imperatori Romani, composta per Fr. Petrarcha. *In Vinegia. Bindoni, 1534, in-8. v. f.*

673 Vite, overo fatti memorabili d'Alcuni Papi, & di tutti i Cardinali passati di Hieron. Garimberto. *In Vinegia, Giolito de' Ferrari, 1567, in-4. v. f.*

674 La Vie du Pape Alexandre VI. & de son fils César Borgia, trad. de l'anglois d'Alex. Gordon. *Amst. Mortier, 1732; 2 vol. in-12. mar. r.*

Histoire des Ordres Monastiques.

675 Fioretti di S. Francesco, ne'quali si contiene la vita, & i miracoli che egli fece per diverse parti del mondo. *In Venetia, Heredi di Sessa, 1581, in-8. fig. mar. v.*

676 Extrait du Livre des Conformités de S. François, tant en latin qu'en françois. *Geneve, de Laimarie,* 1578, *in-16. m. c.*

677 Le même, tant en latin qu'en françois, avec la Légende dorée, ou Sommaire de l'histoire des Freres Mandians de l'Ordre de Saint François, Figures de B. Picart. *Amst.* 1734, 3 *vol. in-12. mar. c.*

678 Histoire de l'admirable D. Inigo de Guipuscoa, Chevalier de la Vierge, nouv. édit. augmentée de l'Anti-Coton. *La Haye, Le Vier,* 1738, 2 *vol. in-12. v. f.*

679 Recueil de Piéces touchant l'Histoire de la Compagnie de Jesus, composé par le P. Jos. Jouvenci. *Liége,* 1713, *in-12. v. f.*

680 Extrait des Assertions dangereuses & pernicieuses que les Soi-disans Jesuites ont dans tous les temps soutenues, enseignées & publiées. *Paris, Simon,* 1762, *in-4. v. f.*

681 Histoire de l'Abbaye de Port-Royal. *Cologne,* 1752, 6 *vol. in-12. v. f.*

682 Necrologe de l'Abbaye de N. D de Port-Royal des Champs; avec le supplément. *Amst. Potgieter,* 1723, 2 *vol. in-4. fig.*

Histoire des Ordres Militaires.

683 Histoire de Malte, par l'Abbé de Vertot. *Paris, Rollin,* 1726, 4 *vol. in-4. gr. pap. fig. mar. r.*

684 Histoire de Pierre d'Aubusson, Grand-Maître de Rhodes, par le P. Bouhours. *Paris, Cramoisy,* 1576 *in-4 mar. r.*

685 Les Statuts de l'Ordre du S. Esprit. *Paris,*

de l'Impr. Royale, 1703, *in-4. l. r. mar. r.*

686 Les mêmes Statuts de l'Ordre du S. Efprit.
Paris, de l'Impr. Royale, 1740, *in-4. mar. r.*

VIES DES SAINTS.

687 Les Vies des Saints Peres des Déferts, trad.
par Arnauld d'Andilly. *Paris, Joffe*, 1688, 3
vol. in-8. mar. r. l. r.

688 La Vie de Madame Sainte Marguerite, Vierge
& Martyre, en rymes franç. *Sans indication de
lieu, in-12. goth.*

Hiftoire des Superftitions.

689 Mémoires pour fervir à l'Hiftnire de la Fête
des Foux, par du Tilliot. *Laufanne, (Paris),*
1751, *in-12. fig. v. f.*

HISTOIRE PROFANE.

HISTOIRE ANCIENNE, DES JUIFS, &c.

690 Hiftoire des Juifs, écrite par Flavius Jofeph,
fous le titre d'Antiquités Judaïques, trad. par
Arnauld d'Andilly. *Paris, le Petit*, 1668, 5 *vol.
in-12. mar. r.*

691 Hiftoire des Juifs & des Peuples voifins,
depuis la décadence des Royaumes d'Ifraël & de
Juda, jufqu'à la mort de J. C. trad. de l'Angl.
de Prideaux. *Amft. du Sauzet*, 1728, 6 *vol. in-12.
fig. mar. bl.*

692 Dictys Cretenfis de hiftoria belli Trojani, &
Dares Phrygius de eadem hiftoria Trajana, ex

recognit. Fr. Farragonii. *Meſſanæ, per Guil. Schongerger de Franckfordia*, 1498, *in-4. mar. r.*

693 Hiſtoire Ancienne des Egyptiens, des Carthaginois, des Aſſyriens, des Babyloniens, des Medes, des Perſes, des Macédoniens & des Grecs, par Ch. Rollin. *Paris, Veuve Etienne*, 1740, *6 vol. in-4. gr. pap. mar. r.*

HISTOIRE GRECQUE.

694 Les Hiſtoires d'Herodote miſes en franç. par P. du Ryer. *Paris, Courbé*, 1658, *in-fol. gr. pap. mar. v.*

695 Thucydidis hiſtoriæ in latinum à Laurentio Vallenſi tranſlatæ *abſque loci & anni indicatione, circa*, 1493, *in-fol. mar. r.*

696 Hiſtoire de Thucydide, de la Guerre du Peloponeſe, trad. par N. Perrot d'Ablancourt. *Paris, Jolly*, 1671, *2 vol. in-12. mar. v.*

697 Arriani de rebus geſtis Alexandri libri octo, Bartholomæo Facio interprete. *Lugduni, Gryphius*, 1552, *in-16. l. r. mar. bl. doublé de m. c.*

698 Quintus Curtius de rebus geſtis Alexandri Magni, cum annotat. Deſ. Eraſmi. *Pariſiis, Colinæus*, 1533, *in-8. mar. bl.*

699 Ejuſdem Q. Curtii Hiſtoriarum Libri. *Lugd. Bat. ex Officinâ Elzevirianâ*, 1633, *in-12. mar. r.*

700 Quinte-Curce de la vie & des actions d'Alexandre le Grand, de la traduction de Vaugelas, avec les Supplémens de J. Freinshemius, trad. par du Ryer. *Paris, Billaine*, 1668, *in-12. mar. r.*

701 Le même Quinte-Curce de la même traduction. *Paris, Girard*, 1680, *2 vol. in-12. l. r. mar. r. d. de m.*

HISTOIRE ROMAINE.

702 Titi Livii Hiftoriarum Libri, ex recenfione Heinfiana. *Lugd. Bat. ex Officinâ Elzeviriâ*, *1634, 3 vol. in-12. l. r. d. de m.*

703 L. Annæus Florus, Cl. Salmafius Lucium Ampelium addidit. *Lugd. Bat. apud Elzevirios, 1638, in-12. mar. r.*

704 M. Velleii Paterculi Hiftoriæ Romanæ quæ fuperfunt, ex edit. Mich. Maitter. *Londini, Tonfon, 1713, in-12. v. f.*

705 Eutropii & Pauli Diaconi de Geftis Romanorum Libri. *Parifiis, Colinæus, 1539, in-8. l. r. mar. bl.*

706 S. Aurelii Victoris Hiftoriæ Romanæ breviarium, cum commentariis integris Annæ Tanaquilli Fabri Filiæ & variorum, ex recenfione Sam. Pitifci. *Trajecti ad Rhenum, Halma, 1696, in-8. l. r. mar. d. de m.*

707 Le Recueil des Hiftoires Romaines, extraict de plufieurs Hiftoriographes Tite Live, Valere, Orofe, Juftin, Sallufte, Céfar, &c. avec la deftruction de Thebes & de Troye la grant. *Paris, Regnault, 1528, in-fol. goth. fig. l. r.*

708 Hiftoire Romaine depuis la fondation de Rome jufqu'à la bataille d'Actium, commencée par Ch. Rollin, & continuée par Crevier. *Paris, Etienne, 1752, 8 vol. in-4. gr. pap. mar. r.*

709 Hiftoire Romaine depuis la fondation de Rome jufqu'à la prife de Conftantinople par Mahomet II. trad. de l'Anglois de Laurent Echard. *Paris, Guerin, 1744, 16 vol. in-12. v. f.*

710 Histoire des Révolutions arrivées dans le gouvernement de la République Romaine , par l'Abbé de Vertot. *Paris, Nyon,* 1734, 3 *vol. in-12. v. f.*

711 Appiano Aleffandrino delle Guerre Civili & efterne de Romani , con diligentia corretto & con nuova tradottione di molti luoghi Miglio-rato. *In Vinegia, Aldo,* 1545 ; 2 *vol. in-8. l. r. mar. r.*

712 Saluftius. 1504, *in-12. mar. bl.*

713 C. Salluftius Crifpus , cum vet. hiftoricorum fragmentis. *Lug. Bat. ex Officinâ Elzevirianâ ,* 1634 , *in-12. mar. r.*

714 Idem. Salluftius. *Glafguæ, Urie, 1749, in-8. pap. d'Holl. mar. r.*

715 Idem Salluftius , ex recenfione Cortii. *Glafguæ, Foulis,* 1751, *in-8. pap. d'Holl. mar. r.*

716 C. Julii Cæfaris quæ extant, ex emendat. Jof. Scaligeri. *Lugd. Bat. ex Officinâ Elzevirianâ ,* 1635, *in-12. l. r. mar. r.*

717 Ejufdem Julii Cæfaris & A. Hirtii de rebus à Cæfare geftis commentarii, cum fragmentis , ex recenfione Sam. Clarke. *Glafguæ, Foulis,* 1750, *in-fol. pap. d'Holl. mar. r.*

718 Les Commentaires de Céfar, de la trad. de N. Perrot d'Ablancourt , avec des remarques. *Paris, Bobin,* 1694, 2 *vol. in-12. l. r. mar. v. d. de m.*

719 Cornelius Tacitus, exacta cura recognitus & emendatus , accedunt index rerum, locorum & perfonarum, variæ lectiones. *Venetiis, Aldus,* 1534, *in-8. v. f.*

720 Idem C. Cornelius Tacitus , ex J. Lipfii edit. *Lugd. Bat. ex Officinâ Elzevirianâ,* 1634, 2 *vol. in-12. mar. r.*

721 Idem Tacitus, ex J. Lipfii editione, cum notis, & emendat. H. Grotii. *Lugd. Bat. ex Officinâ Elzeviriana*, 1640, 2 *vol. in-*12. *l. r. mar. r. d. de m.*

722 Les Œuvres de Tacite, de la traduction de N. Perrot d'Ablancourt. *Paris, Ofmont*, 1688, 3 *vol. in-*12. *l. r. mar. v. d. de m.*

723 Opere di C. Cornelio Tacito, tradotte da Bernardo Davanzati. *In Parigi, Ve. Quillau*, 1760, 2 *vol. in-*12. *pap. d'Holl. v. f.*

724 Difcours hiftoriques, critiques & politiques fur Tacite, trad. de l'Anglois de Th. Gordon, par M. D. S. L. *Amft. Changuion*, 1742, 2 *vol. in-*12. *mar. r.*

725 Caius Suetonius Tranquillus. *Parifiis, è Typographiâ Regiâ*, 1644, *c. m. l. r. mar. r.*

726 Les douze Céfars, traduits du Latin de Suétone, avec des notes & des réflexions, par M. de la Harpe. *Paris, Didot*, 1770, 2 *vol. in-*8. *v. f.*

727 Dio Caffius Nicæus, Ælius Spartianus, Jul. Capitolinus, Ælius Lampridius, Vulcatius Gallicanus, Lat.—Herodiani Hiftoriæ, Angelo Politiano interprete. *Parifiis, Rob. Stephanus*, 1544, *in* 8. *v. f.*

728 Hiftoire d'Hérodien, trad. du Grec, avec des remarques, par l'Abbé de Mongault. *Paris, Barbin*, 1700, *in-*12. *v. f.*

729 Hiftoire de Théodofe le Grand, par Fléchier. *Paris, du Puis*, 1699, *in-*12. *mar. r.*

HISTOIRE D'ITALIE.

730 Paolo Diacono della origine & fatti de i Re

Longobardi, tradotto per Lod. Domenichi. *In Vinegia, Giolito de' Ferrari, 1548, 4 vol. in-8. v. f.*

731 Della Istoria d'Italia, di M. Francesco Guicciardini, libri XX. *In Venezia, Pasquali, 1737, 2 vol. in-fol. gr pap. v. f.*

732 Histoire des Guerres d'Italie, trad. de l'Italien de Fr. Guichardin. *Londres, (Paris,) 1738, 3 vol. in-4. gr. pap. v. f.*

733 Histoire de Donna Olimpia Maldachini, trad. de l'Italien de l'Abbé Gualdi. *Leyde, du Val, 1666, in-16. velin.*

734 Histoire Civile du Royaume de Naples, trad. de l'Italien de Pierre Giannone, avec des notes. *La Haye, Beauregard, 1742, 4 vol. in-4. v. f.*

735 Professione di Fede, scritta da Pietro Giannone al P. Giuseppe Sanfelice Gesuita, *in-8. v. f.*

736 Anecdotes Ecclésiastiques tirées de l'Histoire du Royaume de Naples, de Giannone. *Amst. Catuffe, 1738, in-8. v. f.*

737 Historia o vero narrazione giornale dell'ultime rivoluzioni della citta e regno di Napoli, scritta da Agostini Nicolai. *In Amst. Pluymer, 1660, in-12. v. f.*

738 Historia della Republica Veneta, di Battista Nani. *In Venetia, Combi, 1676, 2 vol. in-4. v. f.*

739 Histoire de la République de Venise, par Bapt. Nani, trad. par l'Abbé Tallemant. *Cologne, Marteau, 1682, 4 tom. en 2 vol. in-8. fig. vel.*

740 Examen de la Liberté originaire de Venise, trad. de l'Italien. *Ratisbonne, Aubri, 1677, in-12. v. f.*

741 Historia Fiorentina, composta da Lionardo

Aretino in latino, & tradotta in lingua Tofca da Donato Acciaioli. *Venegia, Jacomo de Roſſi,* 1476.—Hiſtoria Fiorentina, di Poggio, tradotta di lingua latina in lingua Tofcana, da Jacopo ſuo figliuolo. *Vinegia, Jac. de Roſſi,* 1476, *in-fol. mar. r.*

742 Iſtorie Univerſali de' ſuo tempi, di Giovanni Villani; corrette da Remigio Fiorentino. *In Venezia, ad Iſtanza de' Giunti,* 1559, *in-4. mar. r.*

743 La medeſima Iſtoria, di Giov. Villani. *In Firenze, Giunti,* 1587, *in-4. bl.*

744 Iſtoria di Matteo Villani, che continua quelle di Giov. Villani, con l'aggionta di Fil. Villani. *Venezia, ad Inſtanza de' Giunti,* 1562, *in-4. mar. r.*

745 La medeſima Iſtoria, di Mat. Villani. *In Fiorenza,* 1581, *in-4. bl.*

HISTOIRE DE FRANCE.

Hiſtoire Générale de France.

746 Hiſtoire critique de l'Etabliſſement de la Monarchie Françoiſe dans les Gaules, par l'Abbé Dubos. *Paris, Didot,* 1742, 2 *vol. in-4. v. f.*

747 Hiſtoire des Celtes, & particulierement des Gaulois & des Romains, par Simon Pelloutier. *La Haye, Beauregard,* 1740, *in-12. v. f.*

748 Les Œuvres de Claude Fauchet. *Paris, le Clerc,* 1610, *in-4. v. f.*

749 Pauli Æmilii de rebus geſtis Francorum. *Pariſiis, Vaſcoſanus,* 1539, *in-fol. l. r. mar. bl.*

750 Abrégé Chronologique de l'Hiſtoire de France, par Fr. Eudes de Mezeray. *Paris, Billaine,* 1668, 3 *vol. in-4. l. r. mar. r. d. de mar.*

751 Le même Abrégé Chronologique de l'Hiſtoire de France, par Fr. Eudes de Mezeray, avec l'avant Clovis. *Amſt. Wolfgang, 1673, 7 vol. in-8. mar. r.*

752 Hiſtoire de France depuis l'Etabliſſement de la Monarchie Françoiſe dans les Gaules, par le P. G. Daniel, nouv. édit. augmentée de notes, de diſſertations crit. & hiſtor. de l'Hiſtoire du Règne de Louis XIII, & d'un Journal de celui de Louis XV, par le P. H. Griffet. *Paris, Hériſſant, 1755, 17 vol. in-4. gr. pap. v f.*

753 Hiſtoire de France, par Châlons. *Paris, Mariette, 1720, 3 vol. in-12. v. f.*

754 Nouvel Abrégé Chronologique de l'Hiſtoire de France, par le Préſident Hénault. *Paris, Prault, 1749, in-4. gr. pap. l. mar. bl. dent.*

Hiſtoire générale de France ſous pluſieurs Règnes.

755 Hiſtoria delle Guerre Civili di Francia, di Henr. Caterino Davila. *In Parigi, nella Stamperia Reale, 1644, 2 vol. in-fol. gr. pap. mar. r.*

756 Hiſtoire Univerſelle de Jac. Auguſte de Thou, depuis 1543 juſqu'en 1607, trad. ſur l'édition lat. de Londres. *Londres, (Paris, Compagnie,) 1734. 16 vol. in-4. gr. gap. mar. bl.*

757 Mémoires de Condé, ſervant d'éclairciſſement & de preuves à l'Hiſtoire de de Thou, avec les notes de MM. Secouſſe & Lenglet du Freſnoy. *Paris, Rollin, 1743, 6 vol. in-4. gr. pap. mar. r.*

758 Mémoires pour ſervir à l'Hiſtoire de France, contenant ce qui s'eſt paſſé de plus remarquable depuis 1515 juſqu'en 1611, par P. de l'Eſtoile. *Cologne, Demen, 1619, 2 vol. in-8. fig. mar. r.*

Hiſtoire

Histoire particuliere de France sous chaque Règne.

759 Les Œuvres de M^r. Alain Chartier, revues &
corrigées & augmentées par André du Chesne.
Paris, Thiboust, 1617, in-4. mar. r.

760 Les Mémoires de Philippe de Commines.
Leyde, Elzeviers, 1648, in-12. mar. r.

761 Les mêmes Mémoires de Philippe de Commines, contenans l'Histoire de Louis XI. & Charles VIII, revus, corrigés & augmentés par Denys
Godefroy. Paris, de l'Impr. Royale, 1649, in-fol.
gr. pap. l. r. mar. r.

762 Les mêmes Mémoires de Philippe de Commines, nouv. édit. revuë sur plusieurs Mss. enrichie
de notes & de figures, par MM. Godefroy,
augmentée par l'Abbé Lenglet du Fresnoy. Paris,
Rollin, 1747, 4 vol. in-4. gr. pap. mar. r. On a
joint les portraits d'Odieuvre.

763 Histoire de Louis XI, par M. Duclos. Paris,
Guerin, 1745, 3 vol. in-12. mar. r.

764 Les Mémoires de Martin du Bellay, Seigneur
de Langey. Paris, l'Huillier, 1569, in-fol. mar. bl.

765 Le Siége de Metz, en l'an 1552. Paris, Ch.
Estienne, 1553, in 4., sur velin, mar. r.

766 Commentaires de Blaise de Monluc. Bour-
deaux, Millanges, 1592, 2 vol. in-8. mar. bl.

767 Journal de Henri III. ou Mémoires pour servir à l'Histoire de France, par P. de l'Estoile,
nouv. édit. accompagnée de remarques histor. &
de pieces par l'Abbé Lenglet du Fresnoy. Paris,
Veuve Gandouin, 1744, 5 vol. in-8. mar. r.

768 Description de l'Isle des Hermaphrodites,

F

pour servir de supplément au Journal de Henri III. *Cologne, Demen,* 1724, *in-8. v. f.*

769 La Vie de Gaspard de Coligny. *Cologne, Marteau* 1686, *in-12. mar. r.*

770 Journal du règne de Henry IV. par P. de l'Etoile, avec des Remarques historiques & politiques par l'Abbé Lenglet du Fresnoy. *La Haye, (Paris, Gaouin),* 1741, 4 *vol. in-8. mar. r.*

771 Mémoires ou Œconomies Royales d'Etat, domestiques, politiques & militaires de Henry le Grand, par Maximilien de Béthune, Duc de Sully. *Paris, Billaine,* 1663, 8 *vol. in-12. mar. r.*

772 Mémoires de Maximilien de Bethune, Duc de Sully, mis en ordre avec des Remarques par M. l'Abbé de l'Ecluse. *Londres, (Paris, Société),* 1745, 3 *vol. in-4. gr. pap. mar. r. avec les Portraits d'Odieuvre.*

773 Histoire du Roi Henri le Grand, par Hardouin de Perefixe. *Amst. Elzevier,* 1661, *in-12. mar. r.*

774 Lettres du Cardinal d'Ossat, avec des notes historiques & politiques d'Amelot de la Houssaye. *Amsterd. Humbert,* 1708, 5 *vol. in-12. mar. bl.*

775 Satyre Ménippée, de la vertu du Catholicon d'Espagne, & de la tenue des Etats de Paris. *Ratisbonne, Kerner,* 1664, *in-12. mar. r.*

776 La même Satyre Menippée, Edition augmentée de Remarques & de plusieurs Piéces. *Ratisbonne, Kerner,* 1709, 3 *vol. in-8. fig. mar. r.*

777 Mémoires de la vie de Theodore-Agrippa d'Aubigné. *Amst. Bernard,* 1731, 2 *tom. en un vol. in-12. v. f.*

778 Les Avantures du Baron de Foeneste, par

Theod. Agrippa d'Aubigné , édit. augmentée
de Remarques hiſtoriques. *Amſt.* (*Paris*), 1731,
2 *vol. in-*12. *mar. r.*

779 Journal du Cardinal duc de Richelieu, 1648,
*in-*16. *mar. r.*   2

780 Cruels effets de la vengeance du Cardinal
de Richelieu , ou Hiſtoire des Diables de Lou-
dun , de la poſſeſſion des Religieuſes Urſelines ,
& de la condamnation & du ſupplice d'Urbain
Grandier. *Amſt. Roger* , 1716 , *in-*12. *mar. bl.*

781 Mémoires & Ambaſſades du Maréchal de
Baſſompierre. *Cologne , du Marteau* , 1666 , 4 *vol.*
*in-*12. *mar. r.*   12   *S. T.*

782 Mémoires de Montreſor. *Cologne , Sambix* ,
1673 , 2 *vol. in-*12. *mar. bl.* 6   *S. T.*

783 Médailles ſur les principaux événemens du
régne de Louis le Grand , avec des explications
hiſtoriques. *Paris , de l'Impr. Royale* , 1723 , *in-*
fol. mar. r.   40   *S. T.*

784 Mémoires pour ſervir à l'Hiſtoire de Louis
XIV. par l'Abbé de Choiſy. *Utrecht , Wan de Va-*
ter , 1727 , *in-*12.

785 Jugement de tout ce qui a été imprimé contre le Cardinal Mazarin , par Gabr. Naudé. 718
pag. in 4. *v. f.*   7   *S. T.*

786 Mémoires du Comte de Rochefort , contenant
ce qui s'eſt paſſé de plus particulier ſous le Miniſ-
tere du Cardinal de Richelieu & du Cardinal de
Mazarin. *La Haye , Van Bulderen* , 1689 *in-*12.
mar. r.

787 Mémoires de M. D. L. R. (de la Rochefou-
cault), ſur les brigues à la mort de Louis XIII.
Apologie pour M. de Beaufort , & Mémoires
3   *S. T.*   * F ij

de la Chaftre. *Cologne , Van Dyck ; in - 12.*
mar. r.

788 Mémoires du Cardinal de Retz , avec ceux
de Joly & de la Ducheffe de Nemours. *Amft.*
Bernard, 1731 , 7 vol. in-12. mar. r.

789 Hiftoire du Vicomte de Turenne , par Ra-
guenet. *La Haye, Neaulme, 1738 , 2 vol. in-12.*
v. f.

790 Mémoires de Gourville. *Paris , Ganeau , 1724,*
2 vol. in-12. mar. r.

791 Mémoires de de Pontis. *Paris, Defpréz, 1678,*
2 vol. in-12. l. r. mar. v. d de m.

792 Mémoires de J. B. de la Fontaine. *Cologne ,*
Marteau, 1699, in-12. v. m.

793 Les Mémoires de du Guay-Trouin. *Paris,*
Prault, 1740, in-4. gr. pap. fig. v. f.

Hiftoire des Provinces & Villes de France.

794 Defcription de la Ville de Paris , par Ger-
main Brice. *Paris, Durand, 1752, 4 vol in-12.*
fig. v. f.

795 Hiftoire agregative des annales & chroniques
d'Anjou , contenant le commencement & origine
avecques partie des Chevaleureux & Marciaulx
geftes des Magnanimes Princes, Confulz, Contes
& Ducz d'Anjou, &c. par Jehan de Bourdigne.
Paris , Couteau, 1529, in-fol. fig. goth. v. f.

HISTOIRE D'ALLEMAGNE , DE FLANDRES
ET DES PAYS - BAS.

796 Hiftoire générale d'Allemagne, par le P. Barre.
Paris , Heriffant, 1748, 11 vol. in-4. gr. pap.
1 v. f. avec les Portraits

797 Histoire du Regne de l'Empereur Charles-
  Quint, précédé d'un Tableau des progrès de la
  Société en Europe, depuis la destruction de l'Em-
  pire de Rome jusqu'au commencement du xvime.
  siécle, trad. de l'Angl. de M. Robertson, par
  M. Suart. *Paris, Piffot,* 1771, 2 vol. in-4. br.

798 Mémoires pour servir à l'Histoire de la Maison de Brandebourg. *La Haye, Neaulme,* 1751,
  in-4. gr. pap. mar. r. dent.

799 Continuation des Mémoires de Brandebourg,
  par l'Auteur des mêmes Mémoires. *Paris,* 1757,
  in-12. mar. r.

800 Les Mémoires d'Olivier de la Marché. *Gand,
  de Salenson,* 1567, in-4.

801 Memorie, overo Diario del Card. Bentivoglio.
  In Amst. Janssonio, 1648, in-8. mar. r.

802 Histoire du Stadhouderat, depuis son origine
  jusqu'à présent, par M. l'Abbé Raynal. (*Paris,
  Durand,*) 1750, 2 vol. in-8. v. f.

HISTOIRE D'ESPAGNE ET DE PORTUGAL.

803 Histoire générale d'Espagne, de J. Mariana,
  trad. en franç. avec des notes, par le P. Jos. Nic.
  Charenton. *Paris, le Mercier,* 1725, 6 vol. in-4.
  gr. pap. v. f.

804 Histoire du Cardinal Ximenès, par Esprit
  Flechier. *Paris, Anisson,* 1694, 2 vol. in-12. l.
  r. mar. r.

805 Révolutions de Portugal, par l'Abbé de Vertot. *Paris, Barois,* 1721, in-12. v. f.

806 Mémoires historiques, politiques & littéraires,
  concernant le Portugal; avec la Bibliothéque des
  Ecrivains & des Historiens de cet Etat, par le

Chevalier d'Oliveyra. *La Haye, Moetjens, 1743,*
2 vol. in-8. v. f.

HISTOIRE D'ANGLETERRE.

807 Histoire d'Angleterre, par de Rapin Thoy-
ras. *La Haye Rogissart,* 1727, 10 *vol. in-4.*
mar. bl.

808 Histoire d'Angleterre de M. David Hume,
trad. de l'Anglois : savoir, l'Histoire de la Maison de Plantagenet, & celle de Tudor, par Me.
Belot, & l'Histoire de la Maison de Stuard, par
l'Abbé Prevost. *Amst. (Paris, Saillant,)* 1765,
7 *vol. in-4. gr. pap. v. f.*

809 Histoire de la Rebellion & des Guerres Ci-
viles d'Angleterre, depuis 1641 jusqu'au réta-
blissement de Charles II. par Edward Comte de
Clarendon. *La Haye, Van Dole,* 1704, 6 *vol.*
in-8. v. f.

810 Histoire du Parlement d'Angleterre, par M.
l'Abbé Raynal. *Londres, (Paris, Durand,)*
1751, 2 *vol. in-8. mar. r.*

HISTOIRE DES PAYS SEPTENTRIONAUX.

811 La Description du Royaume de Pologne, par
Bl. de Vigenere. *Paris, Richer,* 1573, *in 4.*
mar. bl.

812 Histoire des Diettes de Pologne pour les élec-
tions des Rois, par de la Bizardiere. *Paris, Moette,*
1697, *in-12. v. f.*

813 Histoire de Jean Sobieski, Roi de Pologne,
par l'Abbé Coyer. *Paris, Duchesne,* 1761, 3
vol. in-12. v. f.

814 Histoire des Révolutions de Suéde, par l'Abbé
de Vertot. *Paris, Barois, 1722, 2 vol. in-12.*
v. f.

815 Relation de l'Islande, par la Peyrere. *Paris,
Billaine, 1663, in-12. v. m.*

HISTOIRE ORIENTALE.

Histoire des Arabes, des Sarazins & des Turcs.

816 Bibliotheque Orientale, ou Dictionnaire uni-
versel contenant généralement tout ce qui re-
garde la connoissance des Peuples de l'Orient,
par d'Herbelot. *Paris, Compagnie, 1697, in-fol.*
v. f.

817 La Vie de Mahomet, par H. Prideaux. *Amst.*
Gallet, 1698, in-12. fig. v. f.

818 La Vie de Mahomed, par le Comte de Boulainvilliers. *Amst. Changuion, 1731, in-12. fig.*

819 La Vie de Mahomet, traduite & compilée de
l'Alcoran, des traditions authentiques de la
Sonna, & des meilleurs Auteurs Arabes, par
J. Gagnier. *Amst. Smith, 1732, 2 vol. in-12.*
v. f.

820 Historia universale dell' origine, guerre, &
Imperio de Turchi, raccolta da Fr. Sansovino,
accresciuta in questa impressione dal Conte Maio-
lino Bisaccioni. *In Venetia, Combi, 1654, in-4.*
vel.

821 Histoire de l'état présent de l'Empire Otto-
man, trad. de l'Anglois de Ricaut, par Briot,
avec des fig. de le Clerc. *Paris, Cramoisy, 1670,*
in-4. mar. bl.

822 Mémoires, ou Relation militaire de ce qui

s'eſt paſſé de plus conſidérable dans les attaques & dans la défenſe de la Ville de Candie. *Paris, Barbin, 16;0, in-1 2. mar. r.*

8_3 Deſcription exacte des Iſles de l'Archipel, trad. du Flamand d'O Dapper. *Amſt. Gallet, 1703 , in-fol. fig. v. f.*

HISTOIRE ASIATIQUE.

824 Nouveaux Mémoires ſur l'état préſent de la Chine, par Louis le Comte. *Paris , Aniſſon, 1697 , 3 vol. in-12 fig. v. f.*

HISTOIR D'AFRIQUE.

825 Deſcription de l'Afrique, trad. du Flamand d'O Dapper. *Amſt. Wolfgang , 1685 in-fol. fig.*

826 Nouveau Voyage de Guinée, trad. de l'Anglois de Guil. Smith. *Paris , Piſſot , 1751 , 2 vol. in-12. fig. v. f.*

827 Deſcription du Cap de Bonne-Eſpérance, tirée des Mémoires de Pierre Kolbe. *Amſt. Catuſſe, 1741 , 3 vol. in-8. fig. mar. r.*

HISTOIRE DE L'AMERIQUE.

828 Hiſtoire de la Conquête du Mexique, trad. de l'Eſpagnol de D. Ant. de Solis, par Citry de la Guette. *Paris , Emery , 1691 , in-4. fig. v. f.*

829 Hiſtoire des Incas Rois du Perou. On a joint à cette édition l'Hiſtoire de la Conquête de la Floride , trad. de l'Eſpagnol de Garcilaſſo de la Vega , avec des fig. de B. Picart. *Amſt. Ber-*

nard, 1737, 2 *vol. in-4. gr. pap. v. f.*

830 Histoire naturelle & morale des Isles Antilles de l'Amérique, enrichie de fig. avec un Vocabulaire Caraibe. *Roterd. Leers*, 1658, *in-4. mar. r.*

831 Histoire de la Jamaïque, trad. de l'Anglois. *Londres*, (*Paris, Durand*,) 1751, 2 *vol. in-12. v. éc.*

832 Histoire de l'Isle Espagnole ou de S. Domingue, par le P. P. Fr. Xavier de Charlevoix. *Paris, Barrois*, 1730, 2 *vol. in-4. gr. pap. fig. v. f.*

HISTOIRE GÉNÉALOGIQUE.

833 L'Ordre Militaire du S. Esprit, contenant les Statuts, avec les noms, qualités, généalogies & armoiries de tous les Chevaliers, depuis l'institution jusqu'à présent. 2 *vol. in-fol. v. f.* M. S. *avec les blasons enluminés.*

ANTIQUITÉS.

834 La Vera antichita di Pozzuolo, descritta da Giulio Cesare Capaccio. *In Roma, de' Rossi*, 1652, *in-8. fig. vel.*

835 Iconografia cioe' disegni d'Imagini de famosissimi Monarchi, Regi, Filosofi, Poeti, ed oratori dell' antichita, cavati da Giov. Angelo Canini de Marmi Antichi, Medaglie &c. data in luce da M. Ant. Canini. *In Roma*, 1669, *in-4. fig. mar. bl.*

836 Pierres antiques gravées par B. Picart, tirées

des principaux Cabinets de l'Europe, expliquées
par Philippe de Stofch. *Amft.* 1724, *in-fol. gr.
pap. mar. r.*

837 Traité des Pierres gravées, par P. J. Mariette.
*Paris, de l'Impr. de l'Auteur, 1750, 2 vol. in fol.
fig. mar. bl.*

HISTOIRE LITTÉRAIRE.

838 Recherches fur les Théâtres de France, depuis l'année 1161 jufques à préfent, par de Beau-
champ. *Paris, Prault, 1735, 3 vol. in-8. v. f.*

839 Hiftoire du Théâtre François, depuis fon origine jufqu'à préfent, avec la vie des plus célébres
Poëtes Dramatiques, par les Freres Parfait. *Amft.
1735, & Paris, Mercier, 1745, 15 vol. in-12.
v. f.*

840 Hiftoire du Théâtre Italien depuis la décadence de la Comédie Latine, avec un Catalogue
des Tragédies & Comédies Italiennes imprimées
depuis l'an 1500, jufqu'à l'an 1660, & une
Differtation fur la Tragédie Moderne, par Louis
Riccoboni. *Paris, Cailleau, 1731, 2 vol. in-8.
v. f. fig.*

841 Manuel Typographique, utile aux Gens de
Lettres, & à ceux qui exercent les différentes
parties de l'Art de l'Imprimerie, par Fournier le
jeune. *Paris, Barbou, 1764, 2 vol. in-8. pap.
d'Holl. mar. r.*

842 Hiftoire de l'Académie Royale des Infcriptions
& Belles-Lettres, depuis fon établiffement, avec
les Éloges des Académiciens, par M. Gros de
Boze. *Paris, Guerin, 1740, 3 vol. in-8. v. f.*

843 Mémoires fur l'Ancienne Chevalerie, par M
de la Curne de Sainte Palaye. *Paris, Duchefne,*
1759, *2 vol. in-12. v. f.*

844 La Bibliotheque de la Croix du Maine. *Paris,*
l'Angelier, 1584, *in-fol. v. f.*

845 Della Eloquenza Italiana di Giufto Fontanini
libri duo. *In Venezia, Malachin,* 1727, *in-8. br.*

846 Bibliotheca Italiana, ofia notizia de' libri rari
nella lingua Italiana. *In Venezia, Angiolo Gere-*
mia, 1728, *in-4. v. f.*

847 Bibliographie inftructive, ou Traité de la con-
noiffance des Livres rares & finguliers, par Guil.
Fr. de Bure le jeune. *Paris, de Bure,* 1763 &
ann. fuiv. 7 vol. in-8. v. f.

848 Obfervations fur les Ecrits modernes, par
l'Abbé des Fontaines. *Paris, Chaubert,* 1736,
26 *vol. in-12. v. f.*

849 Gazette Litréraire de l'Europe, par MM. Arnauld & Suard. *Paris,* 1764, 8 *vol. in-8. pap. f.*
v. f.

850 Bibliotheca Hoendorfiana. *La Haye, de Hondt,*
1720, *in-8.*

851 Bibliotheca Fayna, feu Catalogus Librorum
Bibliothecæ Hieronymi de Cifternay du Fay,
digeftus & defcriptus à Gabr. Martin. *Parifiis,*
Martin, 1725, *in-8. cum pret. v. f.*

852 Catalogus Librorum Mich. Brochard. *Parifiis,*
Martin, 1729, *in-8.*

853 Catalogue des Livres du Cabinet de M. de
Cangé. *Paris, Guerin,* 1733, *in-12. v. f.*

854 Catalogus Librorum Bibliothecæ Car. Henr.
Comitis de Hoym, digeftus & defcriptus à Gabr.

Martin. *Parisiis, Martin*, 1738, *in-8. v. f. cum pret.*

855 Catalogue des Livres de M. Bellanger, par G. Martin. *Paris, Martin*, 1740, *in-8. v. f. avec les prix.*

856 Catalogue des Livres de M. le Pelletier des Forts. *Paris. Barois*, 1741, *in-8. v. f. avec les prix.*

857 Catalogue des Livres de Charles d'Orléans, Abbé de Rothelin, par G. Martin. *Paris, Martin*, 1746, *in-8. v. f. avec les prix.*

858 Catalogue des Livres de la Bibliothéque de M. le Préfident Bernard de Rieux. *Paris, Barois*, 1747, *in-8. v. f. avec les prix.*

859 Catalogue des Livres de M. le Préfident Crozat de Tugny. *Paris, Thiboust*, 1751, *in-8. v. f. avec les prix.*

860 Catalogue des Livres du Cabinet de M. de Boze. *Paris, Martin*, 1753, *in-8. v. f. avec les prix.*

861 Catalogue des Livres provenans de la Bibliothéque de M. de Boze. *Paris, Martin*, 1754, *avec les prix.*—Catalogue des Livres de M. le Comte de la Marck. *Paris, Damonneville*, 1751, *in-8. v. f. avec les prix.*

862 Catalogue des Livres de la Bibliothéque de M. J. B. Denis Guyon de Sardiere. *Paris, Barois*, 1759, *in-8. v. f.*

863 Catalogue des Livres de la Bibliothéque de M. de Selle. *Paris, Barois*, 1761, *in-8. v. f. avec les prix.*

864 Catalogue des Livres de la Bibliothéque de la Maifon Profeffe des Jéfuites. *Paris, Piffot*, 1763, *in-8. v. f.*

HISTOIRE.

865 Catalogue des Livres de la Bibliotheque des
Jesuites du College de Clermont. *Paris le clerc*
1764, *in-8. v. f.*

866 Catalogue des Livres de la Bibliothéque de
Madame la Marquise de Pompadour. *Paris, He-*
rissant, 1765, in-8. v. f. avec les prix.

867 Catalogue des Livres provenans de la Bibliothéque de M. L. D. D. L. V. par Guil. Fr. de
Bure. *Paris , de Bure , 1767 , 2 vol. in-8.*
v. f.

868 Catalogue des Livres du Cabinet de M. Louis-
Jean Gaignat, par Guil. Fr. de Bure le jeune.
Paris , de Bure, 1769, 2 vol. in-8. v. f. avec les
prix.

869 Catalogue des Livres de la Bibliothéque de
M. G*** par Guil. de Bure l'aîné , *Paris , de*
Bure, 1772, in-8. v. f.

VIES DES HOMMES ILLUSTRES.

870 Les Vies des Hommes Illuſtres , Grecs & Romains comparées l'une avec l'autre, par Plutarque,
tranſlatées de Grec en Fr. par Jacq. Amyot.
Paris, Vaſcoſan, 1567, 6 vol. in-8. l. r. mar.
r. d. de m.

871 Corn. Nepotis Vitæ excellentium Imperato-
rum , & in eas Jani Gebhardi Spicilegium. *Amſt.*
ex Officinâ Janſſonianâ , 1644, in-12. mar. r.

872 L'Opera di Miſſer Giov. Boccaccio de Mulie-
ribus claris, Italice. *Stampado per Maiſtro Zuanne*
de Trino. Venet. 1506, in-4. fig. v. f.

873 Les Œuvres de Pierre de Bourdeille , Seigneur

de Brantome. *Leyde , Sambix , 1666, 10 vol.*
in-12 mar. v.

874 Les Hommes Illuftres qui ont paru en France,
par Perrault. *Paris , Dezallier , 1697 , 2 vol.*
in-fol. fig. gr. pap. mar. r.

875 Le Vite de' piu eccellenti Pittori, Scultori, e
Architettori , fcritte da Giorgio Vafari, con i
ritratti loro , & l'aggiunta delle vite de' vive &
de' morti dall' anno 1550 infino al 1567. *In*
In Fiorenza , Giunti , 1568, 3 vol. in-4. mar r.

876 Vies des premiers Peintres du Roi depuis le
Brun jufqu'à préfent , recueillies par M. Lépicié.
Paris , Piffot , 1752, 2 tom. en un vol. in-8.
pap. d'Holl. mar. r.

877 Les Impofteurs infignes, ou Hiftoire de plufieurs hommes de néant de toutes les Nations
qui ont ufurpé la qualité d'Empereurs, Rois, &c.
par J. B. de Rocoles. *Amft. Wolfgang , 1683 ,*
in-12. fig.

EXTRAITS HISTORIQUES.

878 Recueil de diverfes piéces curieufes pour fervir
à l'Hiftoire. *Cologne , du Caftel , 1664 , in-16.*

879 Recueil hiftorique contenant plufieurs piéces
curieufes de ce temps. *Cologne , 1666, in-12.*

880 Le Dictionnaire Hiftorique de Louis Moreri.
Amft. Wetftein , 1740, 8 vol. infol. v. f.

881 Suplément au Dictionnaire de Moreri, *Paris,*
Vincent , 1748 , 2 vol. in-fol. v. f.

882 Dictionnaire Hiftorique & Critique , par P.
Bayle. *Rotterdam , Bohm , 1720, 4 vol. in fol. v. f.*

883 Dictionnaire Hiftorique, ou Mémoires critiques & Littéraires concernant la Vie & les ouvrages de divers Perfonnages diftingués, particulierement dans la Republique des Lettres, par
Profper Marchand. *La Haye, de Hondt,* 1758.
2 tom. en un vol. in-fol. v. f.

Lû & approuvé ce 5 Mai 1772.
L. F. LECLERC, adj.